친절한 불안 상담소

조슈아 플레처·딘 스탓 지음
오숙은 옮김

불안장애를 극복한
두 심리치료사의 가이드

친절한 불안 상담소

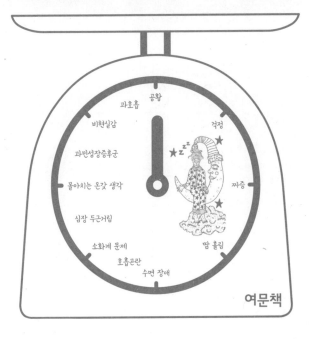

과호흡 공황

비현실감 걱정

과민성장증후군

몰아치는 온갖 생각 짜증

심장 두근거림

소화계 문제 땀 흘림

호흡곤란
수면 장애

여문책

용기와 의지력으로
날마다 불안을 견디며
다시 일어서는 모든 이에게
이 책을 바칩니다.

1장

불안한 당신,
여기서 시작하라

지금 불안하다면

우선, 이 책을 집어 든 여러분에게 격려와 응원을 보낸다. 온 갖 걱정에 시달릴 때는 집중이 매우 힘들 수 있다는 사실을 우리 두 사람은 누구보다 잘 알고 있다. 더구나 마음이 불안 할 때 책을 읽기란 정말 고단한 일이므로, 거두절미하고 본론 으로 들어가자.

만약 지금 여러분이 불안을 느낀다면, 분명하게 말하고 싶 다. **다 괜찮다.** 불안하다고 해서 조만간 나쁜 일이 일어나는 것은 아니며, 그 무서운 생각들이 현실이 될 가능성이 더 커 지지도 않는다. 불안함을 느낀다고 해서 여러분이 곧 자제력 을 잃고, 이성을 잃고, 걱정의 무게에 짓눌려 무너지거나 쓰 러질 일도 없다. 내내 생각해왔던 그 재앙이 오늘 아침보다 조금이라도 더 현실에 가까워지는 것도 아니다. 사실 이 모두 는 불안의 작용일 뿐이다. 불안은 매우 불쾌한 그 감정이 불 러올 수도 있는 온갖 괴로운 재앙을 여러분에게 비디오처럼 보여주기를 좋아한다.

조금만 더 이성적으로 바라보면 어떨까. 필요 이상으로 지나치게 불안하다는 것은 여러분의 몸과 마음이 여러분을 위험에서 보호하려고 애쓰고 있다는 뜻이다. 지금 이 책을 읽고 있다면, 아마도 독자 여러분은 아무런 위험에 처해 있지 않을 가능성이 크지만, 불안한 마음은 여러분이 안전한지 자꾸 확인하려 든다. 혹시라도 여러분이 위험에 **처할** 경우를 대비해서! 여러분이 느끼는 그 불편함은 부딪쳐 싸울 것인가 피할 것인가, 즉 투쟁-도피 반응fight-or-flight response을 활성화하는 건강한 신경계에서 비롯된 것이다. 다시 말해 여러분은 지금 아드레날린과 코르티솔, 그리고 감응신경계의 '초조함' 효과를 느끼고 있다는 얘기다.

이 책을 집어 든 것은 매우 용감한 행동이다. 이 '투쟁-도피' 반응이 여러분의 관심을 온통 붙들어두려고 할 때는 더더욱 그렇다. 이 반응은 왠지 끔찍한 일이 곧 일어날 것 같은 느낌을 안겨준다. 보통은 우리의 마음이나 몸과 관련해서, 또는 우리가 요즘 걱정하고 있던 어떤 일과 관련해서 아주 나쁜 일이 생길 것만 같은 느낌이 그런 예다. 불안 반응은 불편한 신체적 증상들을 곧잘 일으킨다. 메스꺼움, 빠른 심장박동, 전신의 근육 긴장 등등 다양한 증상이 포함된다. 그뿐 아니라 불안 반응은 생각의 속도를 빠르게 돌리고, 두려움·공포·슬픔·분노 같은 감정의 홍수를 일으키곤 한다. 말만 들어도 끔찍하지 않은가?

불안이라는 두려운 주제를 탐색하는 것은 매우 힘든 일일

수 있다. 하지만 우리는 불안에 시달리는 사람들을 안심시키기 위한 설명서가 되도록 이 책을 신중하게 기획했다. 이 책이 불안과 불안 관련 장애에 시달리는 사람들에게 희망을 주는 따뜻한 자원이 되었으면 하는 마음이다. 아마도 외적 문제를 걱정하느라 지친 사람, 또는 스스로의 건전한 판단력을 걱정하는 사람, 또는 자신이 **왜** 걱정하고 있는지 걱정하는, 즉 자신의 두려움을 두려워하는 사람들이 해당할 것이다.

여러분이 이 책을 집어 든 이유는 아마도 불안의 여러 불편한 증상을 경험한 적이 있거나 현재 경험하고 있기 때문일 것이다. 우리가 이 책에서 다루게 될 (그리고 직접 경험했던) 가장 흔하고 두려운 증상으로는 원치 않는 두려움과 왠지 나쁜 일이 생길 것 같은 떨칠 수 없는 느낌을 먼저 꼽을 수 있다. 한마디로 계속되는 공포감이다. 어쩌면 여러분은 세상에서 약간 고립된 기분을 느끼고 있는지도 모르겠다. 심지어 자기 자신과 자기 몸과도 분리된 느낌마저 들지는 않는지? 이런 증상을 비현실감derealisation이라고 한다. 주변의 모든 것이 한층 밝게 느껴지는 곳에서 자신의 감각을 훨씬 예리하게 의식하고 있는 기분이 든다. 주변의 아주 작은 소리도 또렷이 들리고, 여러분이 속해 있는 상황과는 멀리 떨어져 있는 듯한 느낌이 들기 시작한다. 마치 여러분이 그 자리가 아닌 다른 곳에서 상황을 지켜보는 기분이라고나 할까.

"만약 ……하면 어떡하지?" 같은 끔찍한 생각도 대표적인 불안 증상이다. "만약 숨이 안 쉬어지면 어떡하지?" "만약 심장마비가 오면 어떡하지?" 하는 생각이 불쑥불쑥 떠오르기 시작하더니 좀처럼 머리에서 떠나지 않고, 비이성적인 생각을 할 때마다 불안 수준은 점점 높아진다. 머릿속에 들러붙어 자꾸만 맴돌며 커져만 가는 부정적인 생각을 하고 있는 사람도 있을 것이다. 아무리 몰아내려고 기를 써도 나쁜 생각은 꿈쩍도 하지 않는 것 같다. 그 생각을 몰아낼 수 없으니 불안은 더욱 커진다. 그걸 어떻게 아느냐고? 믿을지 모르겠지만 우리 역시 그랬다.

어쩌면 걸핏하면 공황 상태에 빠지는 사람도 있을 것이다. 조만간 숨 쉴 능력을 잃어버리지는 않을까 두려워지고, 금방이라도 쓰러질 것 같거나 심장마비가 오거나 의식을 잃을 것만 같은 기분이 든다. 더욱이 심장박동이 빨라지면서 숨은 가빠오고, 때로는 느닷없이 신경이 곤두서는 경험을 할 수도 있을 것이다. 그런 생각을 할수록 심장박동이 더 생생하게 느껴지고, 식은땀이 나면서 손바닥이 축축해지곤 한다. 이런 증상은 매우 흔하며, 흔히들 '공황발작'이라고 부르는 것의 주요 증상이다. 하지만 우리는 공황발작이라는 단어가 마음에 들지 않는다. '발작'이라는 단어는 생물학적으로 부정확하기 때문이다.

지금 이 순간 불안하거나 공황을 느낀다면, 지금 여러분을 공격하고 있는 것은 전혀 없다는 사실만 알아두자. 여러분은 안전하다. 그냥 위험하다고 **느낄** 뿐이다. 우리가 장담하건대 그런 기분은 곧 지나간다.

불안은 매우 광범위한 상태를 아우르며 여러 가지 이상하고 불편한 증상을 동반한다. 우리는 독자 여러분이 느끼는 불안의 형태를 쉽게 개념화할 수 있도록 불안을 각각의 형태와 일반 진단명으로 나누어보았다. 심리치료사인 조시는 종종 불안이 다양한 형태로 나타나는 것을 목격한다. 일부 내담자는 의사나 정신과의사에게서 받은 진단서를 들고 찾아오기도 한다. 조시가 보기에는 정신건강 분야에서 환자가 지나치게 양산되는 경향이 있지만, 그는 불안장애를 다루는 특정 용어들이 흔히 볼 수 있는 과도한 불안의 표출 형태들을 구분하는 데 도움이 된다고 믿는다. 불안과 관련해 흔히 보이는 몇 가지 증상은 아래와 같다.

여기서 분명히 말해두지만 우리는 여러분을 진단하려는 게 아니다. 다만 불안의 흔한 형태에 관해 특정 용어를 가지고 여러분에게 설명하려는 것일 뿐이다. 그럼, 다음 중에서 무엇이 여러분에게 적용되는지 머릿속에 기억해두거나 종이에 메모해보자.

공황장애 또는 공황에 대한 두려움

공황장애는 우리가 불안과 공황발작을 두려워하게 될 때 일어난다. 더욱이 우리는 왜 공황에 빠지는지 모를 수 있고, 따라서 우리에게 무엇이 '잘못'되었는지 알아내려 애쓰면서 많은 시간을 보내기도 한다. 공황을 두려워하는 사람들은 미쳐버릴지도 모른다는 두려움 때문에, 또는 끔찍한 일이 생길 거라는 두려움 때문에, 거의 항상 무언가를 회피하기 마련이다. 우리 상담실을 찾아온 내담자들이 무언가를 회피하며 그에 대한 변명으로 가장 많이 하는 얘기가 "혹시라도 공황발작을 일으킬까 봐" 피한다는 것이다.

여러분은 이런 생각을 얼마나 자주 하는지? "만약 내가 혼자 있을 때 갑자기 불안해지면 어떻게 하지?" 또는 "친구들과 함께 놀러 갔다가, 식당에 있다가, 운전하다가, 혹은 사무실 책상에 앉아 있다가 갑자기 불안감에 휩싸이면 어떻게 하지?" "만약 내가 미쳐버린다면? 그래서 머릿속의 이 끔찍한 기분을 주절주절 쏟아낸다면? 그런 내 모습을 주변 사람들이 다 보게 된다면 어떡하지?" 또는 우리가 자주 듣는 주요 질문 중 하나인데, "만약 내가 제대로 대처하지 못하면 어떡하지?" 등등.

　보통 이런 유형의 불안을 가진 사람들은 느닷없이 공황의 첫 파도를 경험하곤 한다. 그들은 이 첫 번째 공황의 파도에 잔뜩 겁을 먹은 나머지 자꾸 움츠러들고, 그 공황의 파도가 또다시 일어나지 않게 방지하는 데 온 시간을 쏟는다. 그러다 보면 부정적인 생각이 꼬리에 꼬리를 물고, 어느새 불안과 공황은 생활의 중심에 똬리를 틀게 된다. 공황에 관해서는 나중에 더 많이 이야기할 예정이다. 만약 이것이 여러분에게 해당하는 얘기라 해도 두려워하지 말자. 불안은 극복할 수 있으니까!

건강염려증

이것은 우리가 불안 증상을 죽음의 어떤 전조 증상으로 종종 **잘못 해석한** 나머지 끔찍한 불안 사이클에 갇히게 될 때를 말한다. 온갖 사소한 증상이 걱정되어 인터넷에서 검색하다가 결국 최악의 시나리오를 상상하지는 않는지? 몇 번 썰룩거리는 팔의 작은 경련이 갑자기 삶을 바꿔버릴 만한 증세가 되어버리지는 않는지? 마우스 버튼을 클릭할 때마다 이런 비이성적인 생각 하나가 강박증이 되어버리고, 더 많이 검색할수록 무언가 단단히 잘못되었다는 증거를 '더 많이' 찾게 되는 일은 없는지? 우리가 이 책을 쓸 때는 팬데믹 상황이었다. 단순한 기침 한 번, 재채기 한 번을 두고 그것이 우리를 죽일 수 있는 바이러스라고 해석했던 경우가 얼마나 많았는지 모른다.

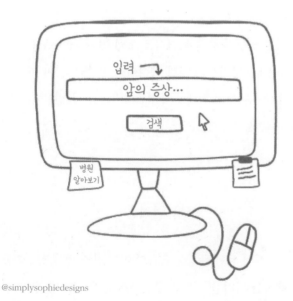

@simplysophiedesigns

친절한 불안 상담소

사회불안증

말을 하던 도중에 갑자기 머릿속이 하얘지고, 그러다가 자신이 무슨 얘기를 하고 있었는지 기억나지 않아서 불안해진 적은 없는지? 사람 많은 곳에 있을 때, 모두가 여러분을 지켜보고 있는 것만 같고 시간이 느려진 듯한 기분을 느낀 적은 없는지?

딘이 좋아하는 영화인 〈트루먼 쇼The Trueman Show〉를 아는 사람은 이렇게 생각하면 이해하기 쉬울 것이다. 사회불안증은 트루먼이 문득, 모든 사람이 자신의 일거수일투족을 지켜보고 있다는 생각을 처음 하게 되었던 그 순간의 느낌과 비슷하다.

사회불안증을 가진 많은 사람은 자신이 어떤 일에 참여하는 모습을 머릿속으로 그려보며 시간을 보낸다. 심지어는 그 일이 일어난 후에도 그때의 대화를 머릿속으로 재생하며 시간을 보내기도 한다. 그런 사람은 다른 사람의 얼굴 표정을 잘못 해석할 때가 많고, 누군가의 기분을 상하게 했다고 걱정하거나 재미없는 사람으로 인식되는 것을 두려워한다. 그렇다, 이것도 불안증이며 아주 고약한 속임수다. 하지만 여러분은 소중하다. 여러분은 가치 있는 사람이다!

광장공포증

광장공포증이 있는 사람들은 자기만의 '안전 공간'을 고집하는 경향이 있다. 그 공간 밖으로 나가면 어떤 감정을 느낄지 두렵고, 또는 그 공간에서 너무 멀어지면 무언가 끔찍한 일이 생길 수 있다고 믿기 때문이다. 보통 안전 공간으로 여겨지는 장소는 자기 집(심지어는 자기 침실로 국한되기도 한다), 집 주변 지역, 친척이나 사랑하는 사람의 집, 자기 직장 등이다. 운전 중 도로에서 불안감을 느끼는 사람(운전 불안)은 특정한 경로가 '안전'하다고 확신하고 그 경로를 고집하기도 한다. 많은 사람이 자동차 안에서 공황의 밀물을 처음 경험하곤 하는데, 이런 경험이 종종 광장공포증으로 이어진다. 간단히 말해서 광장공포증은 자신이 생각하는 '안전 공간' 밖으로 나가면 압도당할지도 모른다는 두려움이다.

침투적 사고

아주 불쾌하고 바람직하지 않은 생각들이 여러분 내면에 자리 잡은 불안을 건드리고 불안을 유발했던 경험이 있는지? 침투적 사고는 그 내용에 아무런 한계가 없으며 보통은 금기시되는 성격의 끔찍한 이미지들이 슬금슬금 우리 머릿속을

친절한 불안 상담소

파고든다. 그 이미지가 머릿속에 뿌리를 내리는 것이야말로 우리가 정말 원하지 않는 일이다. 침투적 사고의 가장 흔한 예로는 사랑하는 대상과 관계가 있거나 자신에게 해가 되는 성적·폭력적인 생각이 있다. 사실 침투적 사고는 매우 정상적이다. 누구나 침투적 사고를 경험한다. 그러나 불안증이 있는 사람에게는 침투적 사고가 들러붙을 수 있는데, 결국 우리는 그 생각의 성격이나 기원을 의심하게 되고, 이로 말미암아 결국 자신의 분별력이나 정신 상태를 의심하게 된다.

강박장애

여러분은 늘 재앙을 상상하면서 그 재앙이 일어나지 않도록 신체적·정신적인 의식을 치르며 살아가지는 않는지? 또는 누군가에게 나쁜 영향을 줄까 봐 지나치게 청결에 집착하지는 않는지? 강박장애OCD: Obsessive Compulsive Disorder는 "만약 내가 X를 하지 않는다면…… Y라는 끔찍한 재앙이 일어날 거야" 하는 믿음을 키워낸다. 흔한 예로는 강박적으로 청소하기, 플러그 확인하기, 피부 뜯기, 머리카락 뽑기, 하루의 특정 시간에 정해진 일과를 엄격하게 하기, 심지어 머릿속으로 '정신적' 의식을 철저하게 따르는 것까지 포함된다. 그 내용이 무엇이든 강박장애는 얼마든지 치료하고 관리할

수 있다. 그렇더라도 강박장애 전문가를 찾아가 상담하고 강
박장애와 관련된 특정 서적을 가까이 둔다면 더욱 도움이 될
것이다.

범불안장애

범불안장애GAD: Generalised Anxiety Disorder는 우리에게도
전혀 낯설지 않다. 이것은 온갖 근심거리에 관한 끊임없는 걱
정의 형태로 나타난다. 심지어 우리는 걱정하는 상태 자체를
걱정하고 있을 수도 있다! 범불안장애를 가진 사람들은 자
신의 생각("만약 ……하면 어쩌지?" 하는 온갖 생각)과 감정, 불안에
따라오는 낯선 감각 등에 지나치게 집중하면서, 계속 불편한
감정을 가지고 대부분의 나날을 살아간다.

외상후스트레스장애

불안은 처리되지 않은 트라우마의 결과로 나타나기도 한다.
만약 이 경우라면, 반드시 전문가의 도움과 지도를 받으라고
권하고 싶다. 트라우마의 결과로 힘든 기억이 떠오른다면 이
책만으로는 충분하지 않을 것이며, 이 책이 근거 있는 영향력

공황장애
건강염려증
광장공포증
침투적 사고
강박장애
범불안장애
외상후스트레스장애

을 제공할 수도 없기 때문이다. 하지만 외상후스트레스장애
PTSD: Post-Traumatic Stress Disorder는 치료할 수 있으며, 이
에 관해 알아둔다면 PTSD의 발현과 증상을 분명히 밝히는
데 큰 도움이 된다.

이제 어떻게 할까?

불안은 여러 가지 다른 형태로 표출되지만, 우리가 파악하기로는 앞에서 소개한 것들이 가장 흔하다. 독자 여러분의 불안이 어떻게 표출되든 상관없이, 이 책에서 간단하게 소개하는 원리들은 여러분에게 도움이 될 거라고 자신 있게 말할 수 있다. 만약 그 가운데 어느 하나라도 여러분과 관련이 있다면 이 책은 분명 도움이 될 것이다. 앞서 말했던 많은 내용에 그렇다고 대답했거나 어떻게든 동의하면서 고개를 끄덕였다면, 이 책은 임자를 제대로 만난 것이다. 설사 위의 내용 가운데 몇몇에만 그렇다고 대답했거나, 심지어 단 한 가지에만 공감했다고 해도, 이 책은 여러분을 위한 책이다. 만약 앞의 진술 중 어떤 것에도 그렇다고 대답하지 않은 사람이라면, 아마도 연인이나 친구, 가족이나 동료를 더 잘 이해하기 위해 이 책을 집어 들었을 것이다. 그래서 다시 말하지만, 이 책은 여러분을 위한 것이기도 하다. 그런 경우야말로 단연코 이 책이 도움이 될 수 있을 테니까 말이다.

글쓴이에 관해

이 책을 쓴 우리는 심리치료사 조슈아 플레처와 DLC 앵자이어티Dean's Likeminded Community Anxiety의 딘 스탓이다. 우리는 불안 연구와 불안의 직접 경험에는 일가견이 있다고 자신 있게 말할 수 있다! 영국 맨체스터 출신의 비교적 젊은 청년인 우리는 과거에 불안장애를 겪었고, 그것을 극복하고서 지금 이 자리에까지 왔다. 조슈아 플레처(인스타그램 @anxietyjosh)는 불안과 불안 관련 문제를 전문으로 다루는 공인 심리치료사로 맨체스터에서 '패닉 룸The Panic Room'이라는 개인 상담소를 운영하고 있다. 조슈아는 자기계발서 『불안: 공황에 관한 공황Anxiety: Panicking about Panic』(Createspace)을 쓴 베스트셀러 작가이기도 하다. 그리고 불안에 관한 인기 팟캐스트 〈패닉 팟Panic Pod〉의 공동 진행을 맡고 있다.

딘 스탓은 인스타그램에서 가장 큰 불안 지원 공동체 DLC 앤자이어티(@DLCanxiety)를 운영하고 있다. DLC 앤자이어티는 함께 모여 저마다의 회복 과정을 지원하는 세계적인 가상 공동체 센터다. 이 글을 쓰는 현재 전 세계의 팔로워 수는 누적 90만이 넘는다. 딘은 대학교에서 심리학을 공부했고, 라이프 코칭 과정과 불안·우울·공포증을 위한 인지행동치료 과정을 수료했다. 이런 학문적 배경에 더해 직접 공황장애를 극복한 딘은 불안을 극복한 이런 개인적 경험이 자신의 인스타그램 공동체에 그대로 녹아들어 있다고 믿는다. 아울러 자신이 만든 플랫폼에서 공개적인 대화를 장려한다면 불안장애를 다루는 사람들이 외로움을 덜 느끼게 될 거라고 믿는다. 다른 사람들이 효과를 보았던 방법을 전해 들을 수 있고 자신에게 무엇이 효과가 있는지 공유할 수 있으니까 말이다. 한편 딘은 관련 분야 전문가와 유명 인사 등 여러 사람과 정신건강에 관해 인터뷰하는 것을 좋아한다.

  우리 이야기에 귀를 기울여줄 많은 독자에게 우리가 가진 일반 지식과 전문 지식을 나눌 수 있다는 것은 소중한 특권이다. 물론 우리는 전문적·학문적인 배경을 갖추고 있기는 하지만, 우리 역시 독자 여러분과 별반 다르지 않은 경험을 했고, 여러분과 비슷한 점이 아주 많다. 다만 우리는 회복의 길을 더 많이 걸어왔고 그 길을 안내해줄 이 책을 썼다는 점이 다를 뿐이다. 이 책은 우리가 습득하고 우리에게 유용했던 지식을 함께 나누기 위해 만든 결과물이다. 이 책을 여러분과 공유하는 이유는 스스로가 자기 마음속에 갇혀버린 느낌이 들 때 얼마나 두려운지 잘 알기 때문이다. 나아가 우리는 여러분의 생각이 여러분보다 빨리 치달릴 때 얼마나 무서운지 이해한다. 그리고 마음이 마구 뒤엉켜 모든 것이 혼란스럽게 느껴질 때는 얼마나 힘든지도 이해한다. 여러분이 그 불안을 풀어헤칠 수 있도록 우리가 돕고 싶다.
  아침에 눈을 떴을 때 언제 불안이 시작될지 생각할 때의 그 기분, 그리고 실제로 불안이 찾아왔을 때 또 하루의 전투를 치르는 듯한 그 기분을 우리는 안다. 눈을 떴을 때는 불안이 느껴지지 않다가도 그 순간 불안하지 않은 자신이 이상하게 느껴져서 오히려 불안해졌던 경험은 없는지? 사실, 우리도 그런 적이 있었다!

우리가 독자 여러분에게, 그것이 전투처럼 느껴질 수 있겠지만 실은 전투가 아니라고 말한다면? 그 말이 여러분에게는 어떻게 받아들여질까? 우리는 여러분이 느끼는 불안을 하찮게 여기는 것이 결코 아니다. 지금 우리는 불안을 향해 커다랗게 빛을 비추고 이렇게 말하고 있다. "이봐, 우리는 네 속임수를 알고 있거든. 그리고 우리 독자들에게 그 지식을 전해줄 참이니 단단히 준비하는 게 좋을걸. 다음번에 독자들이 너를 만났을 때 너의 작은 빈틈을 보기 시작할 테니 말이야."

딘의 이야기

공황장애가 한창 심할 때, 딘은 마음을 다스리기 위해 아주 막역한 친구에게 의지했다. 과거에 두 사람은 불안에 관해 종종 이야기를 나누곤 했는데, 그 친구는 20대와 30대에 불안과 싸우곤 했던 자신의 모습을 기억하고 있었다. 지금 42세인 그 친구는 불안장애 없이 살고 있다. 그가 들려준 말들은 무게가 있었다. 딘이 불안을 경험할 때 어떤 기분이 들고 어떤 증상이 나타나는지 말하면, 그 친구는 과거에 자신이 똑같은 감정을 느끼곤 했을 때를 예로 들며 대답해주었다. 딘의 친구는 딘이 그의 관점에서 말하고 있는 듯한 느낌이 들게 도와주곤 했다. 그러니까 딘이 그 친구의 입장이 된 것처럼 말이다. 이 경험은 딘이 의사에게 받았던 어떤 진료보다 더 가치 있게 느껴졌다. 사실 비슷한 증상을 일으킬 수 있는 나머지 상태들을 배제함으로써 불안 관련 증상을 명확히 밝힌다는 점에서 의사는 좋은 출발점이긴 했지만, 일단 나머지 상태를 모두 배제하고 나자 선택지가 한정되어 있다는 느낌을 받았다.

딘은 의사에게서 약물치료를 제안받았고, 운동과 건강한 식생활, 마음챙김과 인지행동치료의 장점에 관한 설명을 들었으며, 회복을 위한 그만의 길을 생각해보라는 말을 듣고 진료실을 나왔다. 물론 이런 선택지 하나하나가 불안 수준을 떨어뜨린다는 것이 증명되기는 했지만, 딘에게는 그 이상의 것이 필요했다. 근본적으로 딘은 끝없이 되풀이되는 너무 많은 생각, 다음번 공황발작이 언제 일어날까 하는 끊임없는 걱정에서 빠져나올 탈출구가 필요했다. 아침에 눈을 떠서 머릿속에 처음 떠오르는 것이 불안이 아니기를 바랐다. 딘은 자기 친구가 어떻게 하는지 느끼고 싶었다. '불안하기 이전의 딘'처럼 느끼고 싶은 욕구가 있었지만, 더는 그것이 불가능한 일은 아닌지 걱정이 되었다.

그 친구에게서 전해 들은 지식이 가장 중요한 밑거름이 되었고, 덕분에 딘은 생각과 감각에 관한 걱정과 공황이 되풀이되는 사이클을 마침내 깰 수 있었다.

"불안 때문에 내가 미치는 일은 없을 거라고, 그리고 항상 이런 식으로 느끼지는 않을 거라고 말해준 그 친구에게 늘 고마움을 느껴요. 설사 비이성적인 생각과 두려움이 증폭되는 나선에 갇혀 있다고 느낄 때도, 그 터널의 끝에는 빛이 있다는 게 감사했어요. 모든 게 괜찮을 거라는 데 감사했어요. 그 친구가 했던 말을 늘 기억할 거예요. '내가 거기서 빠져나왔으니 너도 할 수 있어.' 그 말이 뇌리에 새겨졌어요. 그 친구는 나와 전혀 다를 게 없었거든요. 생활 패턴도 나와 비슷했고 같은 직장에 다니고 있었지만, 아침에 눈을 뜨면 불안이 아닌 음식을 먼저 떠올리는 친구였죠. 나한테 음식은 두 번째로 떠오르는 생각이라는 걸 인정해야 했어요!"(딘)

딘은 이 희망의 감정을 유리병에 담아 그의 이야기를 듣고자 하는 많은 이에게 전달하고 싶어 한다. 아울러 불안을 줄이고 비이성적인 생각에 빠지지 않도록 해줄 비법을 여러분과 나누고 싶어 한다. 딘처럼 여러분도 각각의 기술을 시도하고 실수도 해보면서 자신에게 가장 잘 맞는 기술을 활용할 수 있을 것이다.

"그 친구의 말은 가치를 매길 수 없을 만큼 소중했어요. 정
말이지 회복의 길에서 나를 일으켜주고 길잡이가 되어준
친구예요."(딘)

딘은 현재 자신의 팟캐스트를 진행하고 있으며 그가 만든
거대한 소셜 미디어 플랫폼에서 관련 업계 전문가들을 인터
뷰하며 긍정적인 희망의 말을 전파하고 있다.

조시의 이야기

조시는 2013년 공황장애와 광장공포증에서 회복한 후, 불안
을 극복해낸 경험에 대해 글을 쓰기로 결심하고, 첫 번째 책
『불안: 공황에 관한 공황』을 자비로 출판했다. 하지만 그 책
을 내면서도 전혀 기대하지 않았으므로 정서와 행동에 문제
가 있는 어린이들을 상대하는 일을 계속했다. 몇 주 후, 조시
는 이메일을 확인하다가 자신의 책이 처음 몇 주 동안 얼마
나 많이 팔렸는지 보고 놀라움을 금할 수 없었다. 입소문은
곧 퍼지기 시작했고 그의 첫 책은 지금까지도 아마존 자비출
판 부문 베스트셀러 순위에서 상위를 차지하고 있다.

친절한 불안 상담소

"하루는 직장에 있었는데 갑자기 내 현실 전체가 바뀌어버린 듯한 느낌이 들었어요. 이상한 분리감, 엄청나게 두려운 감정이 들면서 그냥 몸이 굳어버리더라고요. 나한테 일어나고 있는 일이 너무도 두려워서 결국 내가 미쳐버린 것만 같았죠. 집으로 돌아간 후엔 집을 나서기가 두려운 마음이 몇 주 동안 이어졌어요. 그래도 계속해서 감정을 다스리려고 애썼고 그냥 그런 감정들이 사라지기만을 기다렸죠. 하지만 아무 소용이 없었어요. 정말 그렇게 외롭다고 느낀 적은 처음이었어요!"(조시)

이 일을 계기로 조시는 경력을 바꾸어 불안과 불안의 심리학을 더욱 깊이 공부하기 시작했다. 조시는 심리치료사가 되기 위한 과정을 밟았고 상담심리학 석사, 인지행동치료 단기 대학원을 마쳤다. 지금까지 조시의 도움으로 다양한 불안 관련 상태를 성공적으로 극복한 이들은 수백 명에 이른다. 조시의 두 번째 책 『불안: 공황에 관한 실습Anxiety: Practical about Panic』은 아셰트 출판사에서 나왔고 불안과 관련해 의지할 전문가로서 그의 명성은 나날이 높아지고 있다. 조시는 BBC, 월드와이드 FM에 출연했으며, 정신건강 관련 자선단체인 MIND, 그 밖의 유명한 소비자 브랜드와 함께 일하고 있다.

조시는 'AnxietyJosh'라는 계정으로 인스타그램을 운영하다가 불안을 극복한 동료 딘을 DLC 앤자이어티에서 만나 많은 경험을 공유하며 급속도로 가까워졌다. 몇 번 인터뷰를 같이 하고 여러 번 긍정적인 대화를 나눈 뒤, 두 사람은 책을 함께 쓰기로 뜻을 모았다. 두 사람은 같은 도시 출신에 나이도 비슷했지만, 각자가 사람들에게 메시지를 전달할 준비가 되어 있던 삶의 한 시기에 서로를 만나게 된 것은 특별한 인연이라고밖에 할 수 없을 것이다.

"이것은 실제로 '이해하는' 누군가와 함께 일할 멋진 기회예요. 이렇게 우리가 아는 것을 세상과 공유할 생각에 정말 설렙니다."(조시)

우리의 경험담

조시 딘이 겪었던 불안 이야기 좀 들려줄래요?

딘 그게, 내 경우는 범불안장애였어요. 범불안장애와 공황장애가 섞여 있었달까. 아, 거기다 건강염려증까지 섞여 있었죠. 그게 어떻게 시작되었나 하면, 아버지가 돌아가신 후부터였어요. 남자들이 흔히 그러듯이 감정을 억누르고 그냥 평소처럼 지내려고 애썼죠. 감정을 마음 한구석에 처박아두다시피 했어요.

조시 감정을 억누르는 게 딘한테는 어떻게 작용하던가요? (웃음)

딘 처음 그 증상이 나타난 게 아버지가 돌아가시고 두세 달쯤 지났을 때였나, 나는 그냥 쇼핑몰 한가운데 있었어요. 좋아하던 일이었거든요, 쇼핑 말이에요. 그런데 느닷없이 이상한 느낌이 드는 거예요. 이제 곧 죽을 것만 같은 엄청난 느낌이었어요. 마치 나한테 무슨 심각한 문제라도 있는 것처럼……

조시 맞아요. 나도 잘 알아요. 뭐랄까, 시야가 좀 이상해지면서 갑자기 이런 기분이 들지 않던가요? "뭐지? 여긴 어디? 왜 아무런 느낌이 없지?"

딘 비슷했어요. 어떤 식이냐 하면, 전에 말한 적이 있는 것 같은데, **훅** 하고 난데없이 덮치는 듯한 기분 있잖아요? 그냥 평소에 하던 대로 지내다가도 다음 순간 내 몸을 장악하다시피 하는 전혀 다른 느낌에 휩싸이는 거죠.

조시 아, 그 **훅** 하는 느낌이요.

딘 네.

조시 그래요, 아주 완벽한 표현 같네요. 훅 하는 느낌. (딘: 맞아요.) 이게 다 뭔 일이야 싶지만, 사실 아무 일도 없는데 그렇게 되죠. 쇼핑몰은 전혀 위험하지 않은 곳이잖아요.

2장

불안이란 무엇일까?

불안이란 무엇일까?

곧바로 불안의 뼛속까지 발라내고 질문을 던져보자. **불안이란 무엇일까?**

불안은 걱정이나 두려움 같은 감정을 포함하는 불편한 **감정**이다. 불안은 가벼운 긴장감부터 극심한 공황에 시달리는 것까지 모두 아우르며 하나의 스펙트럼 위에서 불안을 측정할 수 있다. 지구상에 사는 사람은 누구나 삶의 어느 시점에서는 불안감을 느끼게 된다. 평범한 불안의 예는 많지만, 몇 몇만 꼽아보면 다음과 같다.

- 시험에 대한 걱정
- 시험 결과에 대한 걱정
- 곧 있을 취업 면접에 대한 걱정
- 첫 데이트를 앞두고 밀려오는 긴장감
- 주변 사람과의 관계에 대한 전반적인 걱정
- 미래에 대한 많은 생각과 걱정

시험이나 면접, 데이트를 앞두고 불안감을 느끼는 것은 지극히 정상적이라 할 수 있다. 사실 긴장감은 집중력과 수행 능력을 끌어올리는 데 도움이 되고, 문제 해결력을 높여줄 수도 있다. 면접이나 운전면허 시험을 앞두고 있을 때 어떤 기분이 들지 생각해보자. 누구나 불안한 감정을 느끼지만, 우리가 **왜** 불안을 느끼는지에 관해서는 사실 크게 걱정하지 않는다. 그 결과에 마음을 쓰기 때문에 불안할 뿐이다. 마음이 쓰이는 어떤 일을 예상할 때 느껴지는 불안은 전혀 문제가 아니며, 그때의 불안은 대다수 사람에게 사실상 수행 능력을 높여줄 수 있다.

불안은 우리를 두렵게 만들 수 있는 것들에 대해서 유도된 강렬한 반응이다. 보통 우리 두뇌는 일상을 방해하지 않는 선에서 우리가 느끼는 두려움과 불안을 관찰한다. 두뇌는 우리가 있는 주변 지역을 자동으로 살피는데, 만약 근처에 위협이 될 만한 것이 있다면 그에 맞추어 불안과 두려움을 증폭시키는 식으로 반응한다.

그런데 어떤 사람에게는 두뇌의 이 영역이 필요 이상으로 기능하기도 한다. 이것이 사람을 압도할 수 있고 일상생활을 방해할 정도로 과도한 불안의 형태로 나타나기도 한다. 그 사람은 여러 증상을 경험하게 되며 온갖 비이성적인 행동을 하게 될 수도 있다. 이런 불안이 사라지지 않고 오랜 시간 지속된다면 **불안장애**anxiety disorder로 분류할 수 있다.

그렇다면 불안은 언제 문제가 될까?

불안이 문제가 될 때는 그것이 **과도**해질 때, 심리학 용어로 '장애'가 될 만큼 커질 때다. 불안은 슬금슬금 우리 삶 속으로 파고들어 와서 심각한 장애를 일으킬 수 있다. 우리의 정상적인 생활, 일상의 행동과 일과에 지장을 주는 것이다. 이렇게 되면 불안감은 매우 극심해지고, 우리의 느낌과 관련한 여러 증상에 대해 갑자기 걱정이 많아지기도 한다. 결국 불안장애는 우리가 외부 세계의 문제와 관련한 걱정을 멈추고 '내부 세계'에 온통 관심을 집중할 때 나타나는데, 우리의 내부 세계는 다음의 세 부분으로 이루어진다.

감정

불안이 지나치게 심하면 우리는 곧 죽을 것만 같은 느낌이나 극도의 두려움을 종종 경험한다. 그때 우리는 머리 위에 무거운 구름이 잔뜩 뒤덮여 있는 듯한 기분에 휩싸이곤 한다. 굉장히 초조하고 두렵고, 때로는 공포에 질리기도 한다. 가상현실 속에 존재하는 우리 자신을 관찰하고 있는 것처럼, 우리 몸을 떠나 다른 어딘가에 있는 듯한 느낌이 들 수도 있다. 두려움을 느끼는 것 외에도 우울하고 무기력하며, 가시지 않는 슬픔을 느끼기도 한다. 그뿐 아니라 좌절·분노·짜증을 경험할 수도 있다.

생각

불안은 생각을 가득 실은 배와 함께 오는데, 그 생각들이 우리가 이해할 수 있는 것보다 빠른 속도로 머릿속으로 밀려오는 경우가 종종 있다. 그런데 흥미로운 것은 생각이 어떻게 시작되느냐에 따라 각각 '정상적' 생각과 '불안한' 생각으로 구분할 수 있다는 사실이다. 불안한 생각은 거의 항상 "만약 ……하면?"이라는 구절로 시작해서 우리의 상상력에서 끌어낸 무시무시하고 끔찍한 내용을 덧붙여간다. 불안한 생각들은 다음과 같은 단순한 공식을 따르기 마련이다.

만약 {재앙적인 사건 삽입}하면 어쩌지?

다음은 "만약 ……하면?"의 가장 흔한 몇 가지 예다.

- 만약 또다시 공황발작이 일어나면 어쩌지?
- 만약 영영 정상적인 느낌이 들지 않으면?
- 만약 내가 망가졌다면 어쩌지?
- 만약 내가 이성을 잃거나 미쳐버리면?
- 만약 저 사람들이 나를 판단하고 있다면 어쩌지?
- 만약 나한테 심장마비가 일어난다면?
- 만약 내가 이 감정을 견디지 못하고 결국 굴복하게 되면

어쩌지?

"만약 ……하면?"은 그냥 생각일 뿐이다. 하지만 우리가 그 생각을 우리의 감정과 감각에 결합할 때, 그 생각은 갑자기 더 현실적으로 다가온다. 이것이 불안이 부리는 최고이자 유일한 속임수다!

감각

불안에는 감정과 생각이 따라오지만, 그에 덧붙여 수많은 신체 증상과 감각도 함께 따라온다. 정말이지 그 증상과 감각의 수는 너무나도 많다! 불안과 관련된 가장 흔한 감각들은 대표적으로 다음과 같다. 현실로부터의 괴리감(비현실감), 심장 두근거림, 가슴이 조이는 느낌, 두통 또는 단단한 띠로 머리를 꽉 조이는 느낌, 메스꺼움, 과민성장증후군과 비슷한 증상들, 땀 흘림, 떨림, 빛에 민감함, 온몸의 근육 긴장, 가슴 '떨림' 또는 심장의 널뛰기, 상반신의 통증, 근육 경련, 턱의 긴장과 팽창 등등. 몇몇만 꼽아도 이 정도다!

우리에게는 이런 증상들이 전혀 낯설지 않으며, 우리는 불안의 이 세 가지 부분에 속한 많은 양상을 직접 겪었다. 여러분이 느끼는 불안의 여러 가지 양상을 차분히 앉아서 써볼 것을 권한다. 그것만으로도 여러분에게 일어나고 있는 일을 개념화하는 데 도움이 될 것이다.

불안은 얼마나 흔할까?

불안은 아주 흔하다. 불안과 싸우는 사람들 대부분이 고립감을 느끼고 자신은 주변 사람들과 어떻게든 '다르다'고 생각하겠지만, 그래도 불안은 흔하다. 미국 인구의 18퍼센트 정도가 매년 불안장애를 겪는다. 다시 말해 다섯 명 중 한 명은 어느 시점에서 어떻게든 불안, 즉 **생각·감정·감각**의 혼합과 싸우게 된다는 얘기다. 한 공간 안에 스무 명이 있다면, 그 가운데 네 명은 인생의 어느 시점에선가는 불안장애를 겪는다. 우리가 사는 영국의 경우, 어느 한 주에든 인구의 6.6퍼센트는 불안장애를 경험하고 있을 것이다.

해를 거듭하면서 불안이 더 증가하는 이유에 관한 확실한 대답은 아직까지 찾지 못했다. 대부분의 학자는 불안을 가중시키는 여러 요인이 결합되어 나타난 결과로 생각한다. 이를테면 우리의 자존감, 우리가 스스로를 평가하는 방식과 관련해 소셜 미디어가 미치는 영향, 나쁜 수면 습관, 잦아진 사회적 낙인, 과거에 비해 사례 보고가 많아진 상대적인 결과 등등의 요인이 결합된 결과라고 말이다. 어쩌면 불안은 항상 존재하고 있었지만, 우리 모두 그냥 묵묵히 고통받고 있었던 것은 아닐까?

DLC 앵자이어티 플랫폼은 인스타그램에서 탄생했다. 딘은 불안과 공황장애에 누구보다 환한 빛을 비추고, 그 목적을 위해 소셜 미디어를 활용한 세계적인 플랫폼을 만들 수 있었던 것을 매우 기쁘게 생각한다. 아울러 그는 불안과 공황장애에 관한 인식을 널리 전파하고 누구도 혼자라고 느끼지 않도록 사람들을 하나의 우산 아래 연결하게 되어 진심으로 행복해한다. 다행스러운 점은 그 플랫폼 덕분에 많은 사람이 모여서 각자의 경험을 공유할 수 있었다는 것이다. 그리고 불안을 느끼는 것에 대해 말할 수 있는 사람이 그토록 많다는 사실에 우리는 크게 놀랐다.

소셜 미디어에서 큰 영향력을 가진 사람들이 각자의 플랫폼을 이용해 정신건강 관련 의식을 높이는 것은 놀라운 일이다. 엄청난 팔로워를 거느린 매디슨 비어Madison Beer 같은 팝스타는 주기적으로 심리교육적인 포스팅을 올리고 자신의 정신건강에 관해 공개적으로 밝히면서, 팬들에게 저마다의 정신건강 상태를 사람들에게 알리고 도움을 구하라고 권유한다. 배우이자 코미디언, 팟캐스트 진행자를 겸하고 있는 만능 재주꾼 브리트니 펄런 리Brittany Furlan Lee는 사람들에게 각자의 정신건강에 관해 이야기하고, 혹시라도 고민이 있으면 도움을 구하라고 말한다. 브리트니 역시 자기 삶에 대한 통찰을 팔로워들과 공유하면서, 불안을 느낄 때나 방금 공황 발작을 겪었을 때면 종종 팔로워들에게 이야기한다. 우리 또한 우리 플랫폼에 출연했던 알레시아 카라Alessia Cara와 인터뷰를 하게 되어 좋았고, 주드 무어Jude Moore, 라일리 코넬 실버Lily Cornell Silver 등 많은 사람과 인터뷰할 기회가 생겨 기뻤다. 그 인터뷰들은 불안이 각계각층의 모든 이에게 언제든 닥칠 수 있다는 사실을 생생하게 보여주었다.

불안과 불안장애

불안이라는 단어는 불안 때문에 구속받는 사람들의 불쾌감과 자주 묶여서 언급된다. 또한 불안을 살짝 자극할 뿐인 어떤 것을 과장해서 불안이라고 칭하는 경우도 많다. 예를 들어 누군가 장난삼아 친구를 화들짝 놀라게 했는데, 그 친구가 "엄마야, 너 때문에 공황발작이 일어났잖아!" 하고 반응할 때가 그렇다. 더욱이 정상적인 여러 성격적 특성에도 이런저런 진단 꼬리표가 붙는다. 예컨대 정리하는 것을 좋아하는 사람에게 "어휴, 그 사람은 너무 강박장애야!" 하는 말로 꼬리표를 붙인다. 하지만 실제 공황발작을 겪는 사람이나 강박장애로 고생하는 사람이라면, 그건 절대 농담할 일이 아니라고 할 것이다. 우리는 이 책을 쓰기 위해 의견을 나누던 중 일상적으로 말하는 불안과 불안**장애**를 구분하는 것이 무엇보다 중요하다는 사실을 깨달았다.

불안과 불안장애는 종종 혼동되곤 한다. 불안은 누구나 대처할 수 있는 어떤 것에 불과하며, 불안을 드러내놓고 말하는 사람은 나약하거나 관심을 바라는 사람이라는 편견이 수그러들지 않는 것도 사람들이 불안과 불안장애를 혼동하기 때문이다. 그러나 그런 편견은 사실과는 거리가 멀다. 불안장애를 가지고 산다는 것, 날마다 불안을 마주하는 것이야말로 힘과 용기가 필요하기 때문이다 .

우리가 주목해야 할 중요한 사실은, 불안이란 하나의 감정이자 생물학적 반응으로서 누구나 경험하는 건강한 현상이라는 것이다(이 문제는 나중에 더 깊이 이야기하자). 그러나 불안이 지나쳐서 우리를 압도하고, 급기야 만성이 되어 심신을 약하게 만들면, 일상생활에 점점 영향을 미칠 수 있다. 불안이 슬금슬금 **장애**의 영역으로 들어가는 것은 바로 이때다. 불안이 압도적이 될 때나 예기치 않게 일어날 때 불안장애가 생긴다. 불안이 하나의 정신 상태인 불안장애로 발전하면 우리 삶의 하루하루가 막대한 지장을 받을 수 있다.

다시 말해 불안은 우리 누구나 이따금 보이는 하나의 자연 반응이며, 적절한 상황에서는 불안이 유용할 수도 있다. 예를 들어 어떤 사람이 시험을 코앞에 두고 있다면 불안해지겠지만, 이런 유형의 불안은 집중을 지속하는 데 도움이 될 수 있다. 스포츠 선수는 중요한 경기를 앞두고 아드레날린을 느끼고, 대변인은 설득력 있는 음색을 내기 위해 일부러 화를 내기도 한다. 음악 공연 도중의 긴장감은 더욱 수준 높은 공연을 펼치는 데 도움이 된다. 그러나 불안**장애**를 진단받은 사람이라면 시험을 앞두고 몇 주 전부터 생각이 많아질 것이다. 이때 불안은 여러 신체적·감정적 증상을 일으키면서 정신을 갉아먹을 수 있다. 그는 시험 직전이나 시험 도중에 불안의 강렬한 증상들을 경험할 것이다.

"불안은 금세 지나가지만 불안장애는 지속적으로 몇 주, 몇 달, 심지어 몇 년에 걸쳐 나타날 수 있어요."(딘)

의사나 심리학자가 불안장애를 진단할 수도 있지만, 그냥 자가진단을 하는 사람들도 많은 것 같다. 어느 쪽이든 불안 문제를 인정하는 것은 늘 도움이 된다.

불안할 때 빠지기 쉬운 함정들

불안을 '해결'하려는 노력

사람들이 저지르는 가장 큰 실수 중 하나는 자신이 망가졌다고, 또는 자신에게 심각한 문제가 있다고 가정하는 것이다. 불안 반응은 건강하고 정상적인 반응이지만, 그 정도가 과도해지거나 장애라고 판단되면, 흔히들 어떤 식으로든 무언가 자신을 '망가뜨렸다'고, 또는 해결이 필요하다고 성급하게 결론 내린다. 불안을 대하는 사람은 종종 '상황을 해결'하기 위한 방책을 찾으려고 노력하게 된다. 우리 인간은 무언가를 성공적으로 관리할 수 없다면 그것을 해결하고 싶어 하는 경향이 있으니까 말이다.

불안을 해결하려고 애쓰는 것의 문제는 애초에 여러분이

망가지지 않았다는 점이다. 해결해야 할 문제가 있음을 강조하는 것은 우리가 느끼고 있을지 모를 불안에 커다란 스포트라이트를 밝게 비추는 것과 같다. 이렇게 되면 결국 우리는 불안에 더 많이 관심을 쏟고 불안한 생각과 행동의 끝없는 순환고리를 더 키우게 된다. 불안은 인지된 위협 또는 실제의 위협에 반응해서 나타나지만, 우리의 마음은 인지된 위협과 실제 위협의 차이를 처리하지 못한 채 두 위협에 똑같은 방식으로 반응한다.

이런 범주에 속하는 사람에게는 종종 자기계발서가 빼곡

왜 기분이
나아지지 않지?

@katies.self.care.diaries

한 서가가 있을 것이며, 마음을 다스리기 위해 소셜 미디어와 논픽션 매체에서 찾은 내용을 저장한 문서가 가득할 것이다. 그리고 "기분이 나아졌다"는 생각이 들 때까지는 일을 회피하는 경향이 있을 것이다.

회피

회피는 우리가 불안 사이클에서 빠져나가지 못하는 중요한 이유 가운데 하나다. 우리가 어떤 것을 회피하기 시작한 순간, 두뇌는 우리의 **행동**이 평소와 다르다는 것을 곧바로 알아차리고 거기에 **깜빡 속아서** 무언가 잘못되었다고 판단하게 된다. 불안증을 가진 사람들은 불안 반응이 갑자기 일어날지도 모른다는 두려움 때문에, 또는 자신이 의식을 잃거나 심장마비를 일으키거나 이성을 잃는 등의 상황에 처하게 될 거라는 믿음 때문에 특정 장소나 사람들을 피하기 시작한다.

"나는 그 감정들이 지나가기를 기다리면서 내 방에서 꼬박 한 달을 보냈어요. 그때는 미처 깨닫지 못했지만, 그건 전혀 도움이 되지 않았죠. 일을 회피하면 그만큼 불안만 더 키울 뿐이라는 것, 그리고 불안 자체는 위험한 게 아니라는 사실을 깨닫고 나자 비로소 다시 예전의 생활로 돌아가게 되었어요."(조시)

이런 예를 생각해보자. 어떤 사람에게 공황장애가 있고 그 촉발점이 쇼핑몰이라면, 그는 장을 보러 갈 때마다 극심한 불안을 겪고 그러다 종종 공황발작을 일으킨다. 그러면 그는 자신이 느끼는 불안을 줄이려는 시도로 행동 패턴을 바꾸기 시작할 것이다. 우선은 붐비는 시간을 피해 쇼핑몰이 한적할 때 간다거나, 쇼핑몰 안에 머무는 시간을 제한하는 것으로 시작할 수 있다. 물론 처음에는 극심한 불안을 잠깐이나마 조금 덜어내는 효과가 있을지 모르지만, 이런 행동은 사실상 마음을 조건화하는 효과가 있다. 결국에는 쇼핑몰에 갈 때마다 위험에 처할지도 모른다는 생각을 심어주는 셈이다.

그렇게 되면 불안이 더 심해지기 시작하는 것을 발견하게 된다. 따라서 쇼핑 습관을 완전히 바꿔 온라인에서 쇼핑하는 등의 추가적인 행동으로 이어질 수 있다. 이번에도 역시 그 행동은 그 사람의 불안을 **일시적**으로 약간 덜어주기는 하겠지만, 학습된 이 행동은 이제 쇼핑몰은 하나의 위협이라는 생각으로 마음을 **조건화**하게 된다. 이 조건화가 다음 단계로 진행되면, 그는 집을 나설 때마다 위험에 처할 거라고, 따라서 밖에 있을 때면 언제든 불안이 튀어나오기 시작할 거라고 생각하게 된다. 결국 이것은 삶에 지대한 영향을 줄 수 있는데, 무슨 일이 생겼을 때 탈출이 힘든 상황을 두려워하거나 도움받을 수 없는 상황에 놓이는 것을 두려워하는 광장공포증으로 이어질 수 있다.

인터넷 검색

우리가 자주 듣고 또 연관 지을 수 있는 흔한 함정 중 또 하나
는 엄청난 **인터넷 검색**이다. 다시 말해 구글 같은 인터넷 포
털사이트에서 각종 증상을 검색하고 통찰력을 자랑하는 '닥
터 구글'을 믿는 것이다. 테크놀로지가 지배하는 세계 속에
서, 우리는 걸핏하면 휴대전화에 손을 뻗어 그날 우리를 괴
롭혔던 증상을 문자판에 입력하곤 한다. 딱 하나 문제가 있다
면, 구글은 여러분이 찾고 있는 증상에 대해 가장 가능성 있

@katies.self.care.diaries

는 의학적 원인을 제공하도록 프로그램되어 있지 않다는 것
이다. 구글은 사람들이 가장 많이 검색하고 언급하는 건강 상
태를 알려주도록 프로그램되어 있어서, 우리 눈앞에 펼쳐지
는 검색 결과는 암, 심장 문제, 신경질환, 종양 등과 같은 상태
일 뿐이다.

불안한 마음에 이것이 무슨 도움이 될까? 이제 구불구불
뻗어 탈출구를 찾기 힘든 토끼굴이 열린다. 불안한 마음은
최악의 시나리오를 정해둔 채, 나머지 가능한 모든 원인을
무시하면서 자신에게 생긴 것은 생명을 위협하는 질병이라
는 추가적인 '증거' 찾기에 나선다. 이렇게 되면 하루하루의
일상은 끊임없는 걱정과 "만약 ……하면 어쩌지?" 하는 생각
에 갉아먹히고 만다. 이 흔한 함정은 건강염려증의 증상이기
도 하다.

기적의 생각/불안 해결을 위한 노력

사람들이 빠지게 되는 또 하나의 커다란 함정은 지성적으로
문제를 해결하려고 하는 것이다. 자신의 생각을 찬찬히 톺아
보고, 문제를 벗어날 방법을 깊이 생각함으로써 자신이 느끼
는 감정을 '해결'할 가능성을 애써 모색한다. 조시는 내담자
들을 대할 때 이것을 **인셉션 사고**Inception thinking라 부른
다. 몹시 난해한 플롯 속에서 다층적인 꿈들을 보여주면서 많

은 사람을 당혹스럽게 만든 할리우드 영화를 참조한 것이다. 마음속 더 깊은 곳을 탐색하지만 정작 우리는 답을 찾고 있는 것이 아니다. 그저 불안 사이클을 키우며 어찌어찌 우리가 망가졌다는 잘못된 믿음만 더 키우고 있을 뿐이다.

타인에 대한 의존

여러분은 혼자 남겨진다는 것이 두려운 적은 없었는지? 언제 불안해질지도 모르겠는데 의지할 만한 사람이 없어서 두렵지는 않았는지? 이 질문에 '그렇다'고 대답했다면 확실히 해 두자. 여러분은 혼자가 아니다! 의존 또는 공동의존은 불안한 사람들에게서 흔히 볼 수 있는 함정이다. '혹시 불안해질 경우를 대비해' 누군가를 곁에 두려는 의존성이나 '혼자 남겨진다면 미쳐버릴지도 모른다'는 두려움은 우리가 수없이 들어왔던 말이면서 우리 역시 오랫동안 해왔던 생각이기도 하다. 이 책을 읽다 보면 여러분도 알게 되겠지만, 불안은 다양한 가면을 쓰고 나타난다. 그럼에도 그때마다 결과는 항상 같다. 우리가 지나치게 관심을 보이면 불안은 정점에 이른다. 그러다 그다음엔 반드시 사라진다.

믿어도 좋다. 인간은 불안이 변함없이 지속되는 상태에 절대 있을 수 없다. 그것은 생물학적으로 불가능한 일이다!

우리가 사람들에 대한 의존성을 키운다면, 혼자 있을 때는 더욱 불안해지기 시작할 것이다. 이는 혼자일 때는 위험한 느낌이 들어야 한다고 우리 뇌를 훈련시킨 결과다. 이처럼 인지된 위협에 반응한 우리 몸은 해야 할 일을 하고 우리의 불안 수준을 증폭시킨다. 불행히도 이 과정이 발전하면서 회피 속으로, 불안 사이클 속으로 더 깊이 들어가기도 한다. 혼자 남겨진다는 상상만 해도 불안이 고개를 드는 것을 느낄 테니까 말이다.

사람들에게 물었더니

우리는 'DLC 플랫폼'에서 사람들에게 불안을 관리하려고 애쓰면서 경험했던 함정들은 어떤 것이 있었는지 물어보았다. 여러분은 다음의 어떤 대답과 관련이 있을까?

"과음. 불안을 느낄 때면 술을 많이 마시곤 했는데, 그 당시에는 머리가 둔해지니 도움이 되는 것 같았죠. 하지만 다음 날 정신을 차리고 나면 최악의 불안이 찾아왔고, 이것은 더 커진 채 지속되는 불안 사이클이 되었어요."

"하고 싶지 않은 것을 하도록 자신을 몰아붙이는 것. 그러면 불안이 줄어들 거라는 기대 때문이었지만, 결코 그런 적이 없었어요. 지금 생각하면 그건 이를 악물고 억지로 버틴 거였죠."

"불안이 없는 상태가 되려고 애쓰는 것. 너무도 많은 책에서, 또 너무도 많은 사람이 불안 없이 살아갈 수 있다고 말해요."

"나는 바이러스를 걱정했고, 내가 뉴스에 소모된 피해자가 될까 걱정했습니다. 지금은 그것이 불안을 더욱 가중시킬 뿐이라는 걸 잘 알고 있어요."

"머릿속에 불쑥 떠올라 사라지지 않는 생각에 사로잡히곤 했기 때문에, 늘 생각하지 않으려고 애썼어요. 하지만 불안은 오히려 심해지기만 했어요."

"심호흡을 하고 호흡에 집중하는 것. 공황발작이 일어날 때 가장 먼저 바뀌는 것이 호흡이에요. 나는 항상 이것을 극복하려고 노력했고 교과서적인 온갖 호흡법을 연습했죠. 하지만 그것이 도리어 불안을 악화시킨다는 걸 알게 되었어요."

다음은 조시가 자기 책의 독자들과 '패닉 룸' 고객들에게서 들은 몇몇 예를 (허가를 받고) 소개한다.

"불안 때문에 요가와 명상을 시도했지만 아무 소용이 없었어요."

"기분이 나아질 거라는 기대로 건강에 좋지 않은 음식을 모두 끊었고, 심지어 글루텐마저 끊었어요."

"불안에 대해 전체론적인 접근을 시도했었죠. 온갖 에센셜 오일과 허브 요법을 써보고 특별한 차도 마셔봤어요. 심지어 불안을 완화하려고 기 치료와 징 명상도 해봤어요."

"하루에 두 번 운동하지만, 그래도 내 기분이 바뀌지는 않네요."

흥미로운 점은 이 모든 접근법이 우리가 불안을 느낄 때는 불안을 '해결'하거나 '무언가를 해야 한다'는 서사에 동의한다는 것이다. 다음 장에서는 우리가 왜 그러는지를 설명하고, 아울러 우리는 **왜** 불안해지는가, 그리고 불안이란 실제로 무엇인가 하는 중요한 질문을 다뤄보자.

우리의 경험담

조시 예전에 직장에서 그걸 겪은 적 있어요. 사무실은 내가 아주 편하게 여기는 장소였는데도 갑자기 **훅!** 하고 오는 거예요. 아, 이걸 어쩌나! 그런 일이 있고 나자 정말 무서워지기 시작하더라고요. 딘은 어때요?

딘 나도 그랬죠. 그러니까 쇼핑몰 한가운데 있을 때였는데, "만약 ……하면" 하는 생각들이 계속 말을 걸어오는 거예요. "만약 위험이 다가왔다면 어쩌지?" 그 쇼핑몰을 빠져나가야겠죠. 그래서 쇼핑몰을 뛰쳐나와 차를 세워둔 곳으로 달려갔어요. 나한테는 차 안이 안전한 장소 같았으니까요. 무슨 말인지 알죠?

조시 아니, 딘의 의심스러운 패션 감각이 걱정되어서가 아니고요?

딘 아니었어요, 적어도 그때는요. (웃음) 불안이란

게 으레 그러듯, 일단 정점에 이르고 내가 차에 도
착할 때쯤에는 잦아들기 시작한 것 같았죠. 하지만
그때가 제대로 겪은 첫 번째 공황발작이었고, 공황
장애가 본격적으로 시작된 순간이었어요.

조시 흥미롭네요. 내 경우엔 항상 **잘못된 해석**이라
는 단어가 적용되거든요. 나는 내 첫 번째 불안을
잘못 해석했어요. 그래서 불안을 해결할 생각으로
몇 달을 집에서 보냈는데, 이 불안한 위협 대응 스
위치를 내내 켜놓은 채로 만약 그러면 어쩌지, 하며
두려움에 사로잡혀 시간만 보냈어요. 그러면서 약
간의 우울증에도 빠졌던 것 같아요. 불안이 내 생활
에 영향을 미치고 있었으니까요. 그래요, 딘의 경우
는 어땠는지 모르지만, 그 당시는 두려운데 누구한
테 의지해야 할지 모르겠더라고요. 아무도 이해해
주는 사람이 없었어요. 누구한테 이렇게 말하는 것
도 정말 이상하잖아요. "내가 여기 있지 않은 것 같
은 느낌이야. 이유 없이 그냥 겁이 나고 계속 이상
한 기분이 들어." 그러면 사람들은 나를 쳐다보며
"뭔 소리야?" 할 테니까요.

딘 맞아요. 처음 불안을 경험할 때는 그게 정말 중요하다는 사실을 말해주면 좋을 것 같아요. 불안장애를 겪었던 다른 사람들에게 내 경험을 이야기한다는 거요. 처음 불안을 경험할 때는 누구한테 의지해야 좋을지 정말 모르거든요.

생각해보면, 그때는 병원에 가는 것조차 무서웠어요. 이게 정말 심각한 병이고, 내가 크게 잘못되었다는 생각에 단단히 사로잡혀 있었기 때문이죠. 그 불안은 내가 더 알아보고 싶지도 않은 그런 감정이었어요.

3장

불안 반응은 왜 일어날까?

편도체

도로에 들어섰다가 여러분을 향해 달려오는 자동차를 보고 본능적으로 화들짝 경계석 뒤로 물러선 적이 있는지? 심장이 떨어질 것 같고, 호흡이 가빠지면서 가슴이 콩닥거리지는 않았는지? 이것이 불안 반응이다. 자동차에 치일 뻔한 여러분을 구해준 것은 바로 불안이다.

불안은 생존에 매우 중요하다. 불안은 우리 몸의 자연적 반응으로, 우리를 안전하게 지키기 위해서 우리 내부에 구축된 공포 시스템이다. 불안이 없었다면, 우리 인간은 지금 이 자리까지 진화하지 못했을 것이다. 그리고 인간에게 이런 보호 시스템이 내장되어 있지 않았다면, 야생에 살던 우리 조상들은 맹수에게 공격받아 죽었을 것이다. 날카로운 이빨을 가진 사자나 호랑이, 뱀 같은 잠재적 포식자들, 그리고 여러분에게 생명보험을 팔 기회를 노리는 사람들을 파악하기 위해 우리는 과도한 각성 상태에서 끊임없이 경계해야 했다.

과도한 불안을 뿌리 뽑는 것과 관련해서는 불안 반응의 역할을 이해하는 것이 무엇보다 중요하다.

"불안과 불안 극복에 관해 배울 때마다 우리는 두뇌에서 가장 오래된 부위부터 시작합니다. 도마뱀의 뇌에는 편도체amygdala라는 부위가 있어요. 우리의 출발점은 언제나 어김없이 항상 그 부위, 편도체죠."(조시)

잠이 막 들려고 할 때 추락하는 듯한 느낌을 경험한 적이 있는지? 반쯤 잠든 상태에서, 발을 헛디뎌 넘어지거나 보도에서 떨어지는 여러분의 모습이 보이면서 그 생생한 두려움

이 느껴지지는 않았는지? 그런 적이 있다면, 화들짝 정신이 들면서 약간 충격받은 듯한 기분이 어떤지는 충분히 알 것이다. 앞에서 말한 자동차의 예와 비슷하게, 이것은 편도체가 작동하고 있다는 얘기다.

편도체는 우리 두뇌에서 가장 오래되고 가장 빨리 작동하는 부위지만, 아쉽게도 그다지 똑똑하지는 않다. 편도체의 최우선 임무는 우리의 감각을 이용해 끊임없이 주변을 스캔함으로써 위험요소가 있는지 살피는 것이다. 누구나 편도체를 가지고 있다. 편도체는 두뇌에 내장되어 있으며, 생존에 절대 필수적이다. 만약 여러분의 친구나 가족이 여러분을 놀라게 하려고 장난으로 갑자기 "우악!" 소리를 질렀다고 해보자. 여러분은 화들짝 놀라 충격을 받고, 신경이 곤두서고 마음이 불편해져서 아마 몇 분은 지나야 진정될 것이다. 이때 편도체는 여러분보다 먼저 반응해서 위험한 일이 생길 경우를 대비해 방어 반응을 일으켰다. 일단 여러분과 편도체가 아무런 위험이 없다고 판단하고 나서야 마음이 다시 진정된다.

공포영화에서 무서운 장면을 볼 때, 또는 운전 중에 갑자기 브레이크를 밟아야 할 때도 같은 일이 일어난다. 이것이 편도체가 흔히 하는 기능이다. 편도체는 인지된 '위험'에 대응해 스위치를 켜거나 끄는데, 이 과정이 매우 빠르게 이루어진다. 결국 편도체는 공포 반응의 전도체인 셈이다. 그것은 '켜짐 스위치', **공포 주식회사**의 사장이자 CEO지만, 상황이 엉망으로 뒤엉킬 때는 정말 거슬릴 수 있다. 어쨌거나 이 책을 읽고 있는 독자들 대부분은 별로 위험하지 않거나 전혀 위험하지 않은 일에 대한 불안 반응을 종종 경험하고 있을 것이다.

여기서는 편도체가 주변에 위험요소가 있다고 판단할 때는 무슨 일이 벌어지는지, 그리고 위험에 반응해서 우리 몸을 바꾸기 위해 편도체가 하는 일이 무엇인지 이해하는 것이 정말 중요하다. 과도한 불안과 불안장애를 극복하는 과정에서 자기 이해와 동기부여를 할 때 많은 이에게 도움이 되는 것이 바로 편도체에 대한 이해이기 때문이다. 다시 말하지만, 편도체는 위험을 **인지**할 때 공포 반응을 촉발한다. 그 위험이 **실제로** 존재하는지 아닌지는 중요하지 않다. 위험이 있다고 인지한다면 편도체는 어김없이 작동한다!

위험하다고 판단하면 편도체는 두뇌의 **시상하부**視床下部라는 부위와 신속하게 소통한다. 바로 이 시상하부가 **아드레날린** 분비를 책임지고 두려움·초조함·공황을 느끼게 해주는 **교감신경계**를 자극하는 부위다. 위험을 인지한 편도체는 시상하부에 이런 신호를 보낸다. "이봐, 우리가 지금 위험에 처한 것 같으니 아드레날린 한 트럭 보내줘!" 불안증이 있는 사람은 '훅' 하는 느낌이 올 때나 가슴이 철렁 가라앉는 느낌일 때, 또는 심장이 벌렁거릴 때 이 작용을 느끼기도 한다.

하지만 우리가 원하지 않을 때 그 느낌을 경험하게 되는

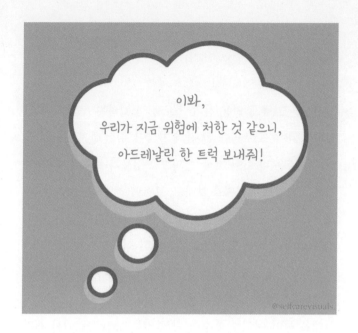

것은 무엇 때문일까? 왜 우리는 아무런 위험이 지각되지 않는 상황에서도 그런 느낌을 경험할까? 여기서 불안 반응을 좀 더 자세히 살펴보자.

우리는 생각과 감각을 통해 세계를 경험한다. 시각·청각·미각·촉각 등을 통해 얻은 모든 감각 정보는 두뇌의 '머더보드' 역할을 하는 **시상**視床으로 보내진다. 시상은 두뇌의 주요 운영센터 같은 곳인데, 불안이 시작되는 곳도 여기다.

"시상은 우리 두뇌의 대표 콜센터, 또는 전화 교환대와 같아요. 여기서 온갖 메시지와 전화가 두뇌의 적절한 부위로

전송되고 재전송되죠. '교환, 어떤 서비스가 필요합니까?' 하고 묻는 것과 같죠."(조시)

시상은 그렇게 얻은 감각 정보를 '생각하는 두뇌' 부위인 **신피질**新皮質로 보낸다. 그 감각 자극이 '위험'한지 아닌지 판단하는 것은 바로 이 지점, 신피질로 정보가 보내질 때다. 여기서 편도체로 메시지를 보내고, 그러면 편도체는 두려움, 공포, 속상함이나 분노 같은 감정 반응을 유발한다. 만약 우리가 위험에 처할지 모른다고 여겨지면 신피질은 편도체더러 시상하부에 신호를 보내라고 명령함으로써 시상하부가 아드레날린을 분비해 교감신경계를 자극하도록 한다.

예를 들어 여러분이 길을 걷고 있는데, 맞은편에서 개가 다가오는 모습을 보았다고 해보자. 멀리 있을 때는 그 개가 위험해 보이지 않지만, 그래도 조금은 신경이 쓰인다. 우리의 시각은 지금 보고 있는 것이 무엇인지 시상에게 알려준다. 우리는 개를 좋아하기 때문에 개를 보면 흥분하거나 기분이 좋아진다. 개를 좋아하는 우리에게는 이것이 적절한 반응이다(어쨌거나 이 예에서는 그렇다).

그런데 거리가 점점 가까워지면서 그 개가 이빨을 드러내고 거품을 물고 있는 것이 보인다. 심지어 우리는 그 개의 눈이 빨갛고 걸음걸이마저 이상하다는 사실을 깨닫는다. 게다가 개는 으르렁거리고 있다. 어쩌면 광견병에 걸렸을지도 모르고, 아마 위험할 수도 있을 것이다. 이제 우리의 시각과 청각은 이 새로운 정보를 취해 시상에 보내고, 시상은 다시 이 정보를 편도체에 전달한다. 편도체는 이제 이 개가 더는 즐거움을 주는 대상이 아니라고 여길 것이다. 그것은 **두려워해야** 할 대상이다! 편도체는 시상하부에 아드레날린을 분비하라고 신호를 보낸다. 그러면 우리는 두려움에 휩싸이고 온갖 끔찍한 생각이 떠오른다. 개가 물 수도 있다는 생각, 그 생각은 개를 피하게 만든다. 아마도 우리는 길 반대쪽으로 건너가거나 오던 길을 돌아가서 그 자리를 뜰 것이다. 이것이 제대로 작동하는 **투쟁-도피** 반응이다.

그러나 다음 부분이 중요하다. 만약 우리가 긴박한 위험에 처했다면 시상은 감각 정보를 **곧바로** 편도체에 보내게 된다. 만일의 경우 싸워야 한다거나, 달아나야 한다거나, 아니면 꼼짝도 않고 가만히 있어야 할 때를 대비하기 위해서다. 길을 건너려고 하는데 우리를 향해 빠른 속도로 달려오는 자동차를 보았을 때가 바로 그런 경우다. 시상에서 편도체로 보내는 이 신속한 속사포 같은 메시지는 친구가 여러분을 놀라게 했을 때, 여러분이 선잠에 들었다가 '추락하는 꿈'을 꿀 때 일어난다. 개의 사례에 적용해본다면, 이 작용은 개가 덤불에서 갑자기 뛰쳐나와 미처 눈치 채기도 전에 여러분에게 덤벼들 때 일어난다. 시상에서 편도체로 직접 보내는 이 신호는 일종의 **신속** 대응이며 마땅히 그래야 한다. 지금까지 우리의 목숨을 구해주었고 또다시 우리의 목숨을 구할 수 있는 것이 바로 이 반응이다. 그러나 이 반응이 불필요하게 촉발된다면 짜증스럽고 불편할 수 있다.

과학자들은 최근까지만 해도 '편도체'가 두려움과 불안을 담당하는 유일한 중심 부위라고 생각했다. 예전에 이루어진 연구들은 편도체가 손상된 원숭이들이 위험을 마주했을 때 겁 없이 행동한다는 사실을 보여주었기 때문이다. 따라서 불안장애를 가진 사람에게 나타나는 증폭되고 파괴적인 불안과 두려움은 편도체의 과잉활동에 따른 것이라고 가정했다.

그러나 오늘날 과학자들은 위험을 마주했을 때 작용하는 것이 단지 편도체만은 아니라는 사실을 알고 있다. 그것은 일종의 공포 **네트워크**, 즉 두뇌의 서로 다른 영역이 주고받는 끊임없는 재잘거림이다. 두뇌를 **인지적 뇌**와 **감정적 뇌**로 나눠보면 더 잘 이해가 갈 것이다. 두뇌의 앞부분은 우리의 생각을 처리하고 감각을 경험하는 부위로 인지적 뇌에 해당한다.

한편 두뇌 깊숙한 곳에 자리 잡은 편도체는 **감정적** 뇌에 속한다. 감정적 뇌에서 보내는 신호가 인지적 뇌를 압도해서 우리 의식 속으로 흘러들 때 우리는 불안을 두려워하게 된다. 예를 들어 우리가 망망대해 한가운데 떠 있고 불안을 느낀다고 상상해보자. 바다에서 헤엄치는 동안 바다 생물의 공격을 받는 일은 드물다는 것을 알고 있지만, 물을 젓는 행동과 불안한 느낌이 다양한 공포를 촉발(감정적 뇌)할 수도 있을 것이다. 그러나 우리가 보트 옆에서 안전하게 물을 젓고 있다고 해보자. 그러면 인지적 뇌의 네트워크가 감정적 뇌의 네트워크를 앞질러서 공포 반응을 무디게 할 수 있다.

　요약하자면, 불안 반응은 현재의 사고와 논리를 무시해버릴 수 있다. 감정적 뇌는 상황이 '위험'할 수 있는지 아닌지 신피질이 판단하는 과정을 건너뛴 채, 곧바로 불안 반응을 일으킬 수도 있다. 바로 이것이 사람들이 최초의 공황발작을 겪을 때 벌어지는 일이다. 공황, 즉 극심한 불안이 '난데없이' 일어나는 것은 바로 이 때문이다. 심지어 불안이 우리의 통제를 벗어나서 일어날 수 있다는 사실 또한 명심해야 한다. 그래도 긍정적인 면이 있다면, 불안에 반응해서 우리가 불안 스위치를 끄기 위해 하는 행동은 통제할 수 있다는 것이다.

아드레날린과 코르티솔

이 이야기는 아주아주 중요하다! 불안할 때 우리가 너무나 두려운 느낌에 휩싸이는 이유는 **호르몬**, 그것도 막강한 화학물질인 아드레날린(에피네프린)과 코르티솔 때문이다. '훅' 하고 밀려오는 공포의 감정을 느껴본 적이 있다면, 바로 그때가 아드레날린이 방출되어 여러분의 혈류를 따라 흐르고 있던 순간이다. 만약 계속해서 초조함을 느끼는 사람이라면, 십중 팔구는 낮은 수준의 아드레날린과 코르티솔이 결합한 결과를 경험하는 것이다.

아드레날린은 아주 막강한 호르몬으로, 우리가 느끼는 아드레날린의 양은 걱정을 하거나 공포를 느끼는 정도와 종종 관련이 있다. 아드레날린의 양이 많으면 심장박동이 빨라지곤 한다. 아드레날린은 심한 긴장감을 느끼게 할 수 있으며, 메스꺼움을 유발하기도 하고, 두뇌의 회전 속도를 빠르게 만드는 역할도 한다. 아드레날린은 또한 아주 '멍한' 느낌이 들게 만들고, 때로는 비현실적인 느낌을 자아내기도 한다. 우리 몸에서 분리된 느낌일 때, 또는 비현실감을 경험할 때도 바로 아드레날린이 작용하는 순간이다. 불안장애가 있는 사람에게는 아드레날린이 극도로 혼란스러운 느낌을 안겨줄 수도 있다.

"아무 이유 없이 갑자기 두려움이 밀려올 때 많은 사람이 공황장애를 일으키죠. 이것을 보통 공황발작이라고 하는데, 느닷없는 아드레날린의 분출이 야기한 혼란스러움이 그것을 더 걱정하게 만들기 때문이죠. 생각의 초점이 갑자기 내부로 향하면서 우리는 임박한 재앙의 징후를 찾아 우리 자신을 '추적 관찰'하기 시작할 수도 있어요. 이를테면 심장마비를 일으키거나 의식을 잃거나 겁에 질리거나 쓰

러지는 일이 벌어질 가능성을 살피는 거죠."(조시)

불안을 더욱 잘 이해하기 위해서는 아드레날린과 코르티솔이 우리의 몸과 마음에 미칠 수 있는 지대한 영향을 인정하는 태도가 중요하다. 호르몬은 '투쟁-도피 또는 경직' 반응에서 필수적인 부분이며, 다음과 같은 상태로 몰아가는 중대한 요인이 된다.

생각의 변화 생각이 휘몰아치고, 위험을 찾아내고, 지나치게 생각하고 지나치게 분석한다. 최악의 상황을 가정한 시나리오를 믿게 된다.

감정의 변화 두려움·공포·죽음을 느끼고 부정적인 예상을 한다. 끔찍한 일이 곧 닥칠 것 같은 기분이 든다.

신체적 변화 가슴이 두근거리고 비현실감이 들며, 과민성장증후군, 가슴 통증, 전신의 근육 긴장, 두통, 근육 경련, 어지럼증, 메스꺼움 등 여러 증상이 나타난다.

우리는 내담자를 대할 때는 불안을 가능한 한 단순하게 만드는 것을 좋아한다. 잊지 말자! 두려움과 불안은 여러분의 혈류 속에 아드레날린과 코르티솔이 흐르고 있다는 뜻이다.

이 **감정**은 화학적인 것이며, 더 중요하게는 **내적**인 것이다. 그 얘기는 여러분이 깊이 생각하고 있는 '재앙'이나 걱정이 현실이 되지는 않는다는 뜻이다.

신경계

우리가 이해해야 할 중요한 또 한 가지는 불안과 관련해 **신경계**가 하는 역할이다. 특히 **자율신경계**의 역할에 대한 이해가 무엇보다 중요하다. 신경계는 자발적인 운동을 책임지기도 하지만(수의신경계隨意神經系), 대체로 우리가 통제할 수 없는 몸 내부의 과정을 책임지기도 한다(자율신경계).

불안이 작동할 때, 우리는 항상 자율신경계에 초점을 맞춘다. 자율신경계는 다음의 두 부분으로 나뉜다.

교감신경계

교감신경계는 우리 몸의 투쟁-도피 또는 경직 반응을 촉발하는 책임을 진다. 교감신경계는 부신副腎(영어로는 adrenal gland, 즉 아드레날샘이다!)의 자극을 담당하고, 주요 신체 기관의 기능을 변화시키는 책임이 있다. 불안을 잠시 접어두고 설명한다면, 교감신경계는 우리가 수행 모드에 있을 때마다, 그러니까 직장에서 압박을 받거나 생활환경 때문에 오랜 기간 스트레스를 받을 때마다 작동한다. 그것은 우리의 어려움을 수용하는 데 필요한 신체적 변화를 제공함으로써 우리가 스트레스를 받으면서도 일을 해내게 도와준다. 유명한 클레어 위키스Claire Weekes 박사는 그러는 사이에 이 신경이 피곤해지는 거라고 주장했다. 그리고 과도한 불안과 걱정은 우리의 신경들이 지쳐서 녹초가 되었을 때 일어난다고 했다. 우리는 박사의 말에 전적으로 동의한다! 결국 스트레스가 지나치게 쌓이면, 쉽게 불안해지고 편도체가 오작동하기 쉬운 상태가 된다. 교감신경계는 '우리가 상황을 헤쳐 나가게 해주는' 부분이라고 생각해보자!

부교감신경계

부교감신경계는 우리의 신경계에서 원기를 회복시켜주는 부분으로, 우리가 먹고 쉬고 무언가를 즐기고 안도감을 느끼고 잠을 잘 때 활성화된다. 고된 하루를 보낸 후 자리에 누워 텔레비전이나 라디오를 켜고 '하루의 스위치를 끌' 때 작동하는 것이 바로 이 부분이다. 여기서 중요한 사실은 부교감신경계는 우리가 **쉴** 때 활성화된다는 것이다. 부교감신경계는 회복과 관련된 부분으로, 우리 몸을 재생시키고 음식물 처리를 도와주며, 우리 몸의 주요 기관에 휴식을 주도록 잠을 자게 도와준다.

장기간 스트레스를 받는 사람들은 교감신경계에 의지해 하루를 버티며 지낸다. 그러나 그런 사람들에게는 균형을 찾기 위해 부교감신경계를 활성화할 시간이 반드시 필요하다. 만약 생활의 균형을 잡지 못할 경우, 이것이 과도한 불안으로 이어질 수도 있다.

불안장애에서 스트레스의 역할

조시는 상담할 때나 대중 앞에서 강연할 때면, 스트레스에 대처하고 그것을 흡수하는 능력을 빗대어 종종 **스트레스 항아리**라는 비유를 들곤 한다. 조시의 설명에 따르면, 우리가 어떤 형태로든 스트레스를 경험할 때는 항아리에 스트레스가 부어진다. 여기에는 돈 문제, 경력, 자녀 양육, 간병, 만성질환 등등의 일상적 스트레스가 포함된다. 그런 한편으로 슬픔이나 불행한 관계, 과거에 경험한 트라우마와 감정적 동요도 스트레스에 포함된다.

스트레스 항아리는 엄청난 양의 스트레스를 담을 수 있으므로 계속해서 공황발작을 겪는 사람은 없다. 스트레스를 주는 어떤 일을 처리할 때마다 우리를 꼼짝 못 하게 하는 불안의 구멍으로 빨려 들어가지는 않는다는 애기다. 그러나 스트레스가 차곡차곡 쌓이고 **교감신경계**가 지나치게 자주 작동한다면, **스트레스 항아리**는 감당할 수 없을 만큼 가득 찰 수도 있다.

어떤 그릇이든 가득 차면 내용물이 넘쳐흐르거나 쏟아질 위험이 있기 마련이다. 우리가 과도한 불안을 경험하는 것이 바로 이 지점인데, 이 과도한 불안은 자칫 불안장애로 발전하기 쉽다.

요약하자면, 스트레스 항아리가 넘칠 때 우리는 공황발작을 비롯해 과도한 불안을 경험하게 된다.

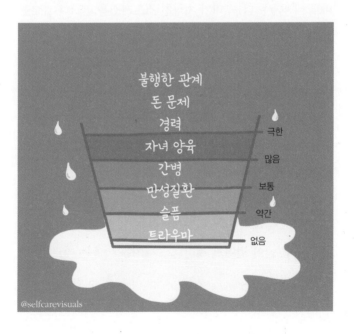

"사람들은 종종 자신이 느끼는 극심한 불안이 '난데없이' 나타난 것 같다고들 말해요. 옛날엔 나도 그렇게 믿었죠. 하지만 휘몰아치는 생각이나 감정, 이상한 증상 등이 따라오는 극심한 불안, 즉 아드레날린의 홍수는 우리 몸이 더는 스트레스를 원하지 않기 때문에 일어나는 거예요. 우리에게 멈추라고 말하는 경고 신호와 같죠. 하지만 불안장애를 가진 사람들은 멈추지 않아요. 그들은 고리에 갇혀 맴돌고 있거든요!"(조시)

편도체(우리의 도마뱀 두뇌)를 이해하는 것이 중요한 이유도 바로 이 때문이다. 우리가 지나친 스트레스를 받거나 과로했을 때, 편도체는 깜빡 속아서 우리가 실제로 위험에 처했다고 받아들이게 된다. 명심할 점은 편도체는 요행을 바라지 않는다는 사실이다. 편도체는 '만일의 경우' 우리 목숨이 위험할 때를 대비해 우리를 구하도록 활성화된다. 누군가 여러분을 화들짝 놀라게 했을 때나 막 선잠이 들었다가 움찔하며 깨어날 때의 이야기를 기억하고 있을 것이다. 그렇다. 편도체는 스트레스, 또는 우리의 **스트레스 항아리**가 넘치는 것 그 자체를 위험으로 해석한다. 아드레날린과 코르티솔이 밀려오고 곧 끔찍한 일이 벌어질 것처럼 느껴지는 이유는 바로 그 때문이다.

앞의 구절을 다시 반복해보자.

"편도체는 스트레스, 또는 우리의 스트레스 항아리가 넘치는 것 **그 자체를 위험으로** 해석한다."

그리고 이 대목에서 과도한 불안과 불안장애가 생기는 것이다. 오랜 시간 쌓여온 스트레스든 트라우마에 대한 반응으로 누적된 스트레스든 이것이 **스트레스 항아리**를 가득 채운다. 이렇게 교감신경계를 지나치게 혹사시키면 편도체는 우리가 위험에 처했다고 착각한다. 따라서 편도체는 많은 양의 공포 호르몬을 분출한다. 극심한 공포나 초조감을 느끼게 하고 휘몰아치는 생각과 땀, 메스꺼움, 떨림 등등을 유발하는 아드레날린 같은 호르몬 말이다.

호르몬의 작용으로 혼란스럽고 무슨 일이 벌어지는지 이해하지 못할 때, 우리는 감각이 두려워지기 시작하고 그것이 의미하는 바를 걱정하기도 한다. 그리고 이런 갑작스러운 변화의 결과로 "만약 ……하면 어쩌지?" 하는 생각 속으로 빨려들 수도 있다. 그리고 증상을 잘못 해석하고 겁에 질리기도 할 것이다. 하지만 이는 실제로 정상적이고 건강한 생물학적 반응이므로 두려워할 필요가 없다.

우리의 경험담

조시 난 딘의 경험은 잘 모르지만, 내 경우는 편도체와 전반적인 불안에 관한 심리교육을 배운 게 불안을 극복하는 데 큰 도움이 됐어요. 그리고 고객들을 상담할 때도 매일 그 지식을 활용하고 있죠. 무슨 일이 벌어지는 건지 모르면 그걸 극복하기가 무척 힘들잖아요. 그런데 반대로, 무슨 일이 벌어지고 있는지 알면 이렇게 생각할 수 있죠. "그래, 이건 내가 미쳐가는 게 아니라 지극히 정상적인 거야." 그렇게 생각하면 없던 힘도 생기는 것 같아요. 딘의 경우는 어땠어요?

딘 사실 나도 그랬죠. 말이 나왔으니 짤막한 이야기 하나 들려드릴게요. 처음에 의사들을 찾아다닐 때는 내가 왜 이런 기분이 드는지, 그 기분이 대체 무엇인지에 대해 모든 답을 알고 싶었어요. 병원에서는 나한테 무슨 테스트를 하더라고요. 그러고는 의사가 불안증이라고 알려주면서 책을 찾아보라며 도서관 카드를 처방해줬어요. 상상해보세요. 스무

살 먹은 남자가 분명 자기한테 심각한 문제가 있다고 생각하고 병원에 갔는데 도서관 책을 처방받다니요. 난 의사가 그러는 이유를 전혀 몰랐기 때문에, 정말이지 내가 부당한 대우를 받았다고 생각했죠. 하지만 어쨌든 도서관에 가기는 갔어요. 거기서 불안의 생물학에 관한 책이랑 나한테 일어나고 있는 일을 설명한 책들을 빌렸죠.

이제 와서 돌이켜보면 그건 누구나 가질 수 있는 정말 유용한 도구였어요. 불안 반응이나 불안 증상에 관한 심리교육적인 내용들, 그리고 불안할 때 몸이 그렇게 반응하는 이유 등에 관해서 배우는 것 말이에요.

조리 맞아요. "와, 실제로 나한테 큰 문제가 있는 건 아니네" 하는 깨달음을 얻게 되죠. 불안은 실제로 자연스러운 현상이에요. 그리고 그런 깨달음은 정말 도움이 되고요. 하지만 의사가 나한테 그 사실을 직접 말해줬더라면 어땠을까요. 뭐, 그 의사에 관해 나쁘게 말하고 싶지는 않아요. 의사는 많은 것을 조금씩 알아야 하니까요. 하지만 그 의사든 정신건강

간호사든 누구든 불안에 대해 많은 것을 직접 말해 줬더라면 그렇게 번거롭지도 않았을 거고, 시간과 에너지를 많이 아낄 수 있었을 거예요.

🄓 동감이에요. 하지만 불안한 뇌는 어땠을까요? 그때의 당신이라면 의사의 말을 반사적으로 무시하고 "싫어요"라고 생각하지 않았을까요? 사람들은 "그냥 불안증입니다"라는 말을 들었을 때 받아들이기가 쉽지 않죠. 불안 때문에, 불안 반응 때문에 사람들은 그 말을 부정하며 이렇게 생각하니까요. "만약 이게 단순한 불안증이 아니라면? 만약 이게 불안증 **위에** 새로운 문제가 겹친 거라면?"

🄡 그렇군요. 맞는 말이에요. **내** 불안했던 두뇌도 아마 그렇게 생각했을 거예요. 드물기는 해도 불안에 관해 정보를 알려주는 의사들도 있어요. 그냥 불안이라고 성급하게 결론을 내리고 처방전을 던져주는 대신에 "좋아요, 불안이 뭔지 아세요? 그것이 어떻게 나타나는지 아세요?" 하고 묻거든요. 하지만 그때 사람들은 이런저런 일이 생기면 어떡하지

걱정하고, 초조해하고, 온갖 증상을 보이면서, 아까 우리가 했던 말로 설명하자면, **불안의 세 가지 요소**를 나타내고 있겠죠. 불안에 관해 아는 게 전혀 없고, 아무도 말해주지 않았으니까요.

나는 '불안'이라는 단어는 단지 어떤 것에 대해 신경이 예민해져 있다는 뜻이라고만 생각했어요. 마치 시험을 앞두고 긴장할 때처럼요. 실제로 나한테 불안의 의미를 설명해주는 사람이 있었다면, 번거롭게 그 많은 수고를 할 필요가 없었을 거예요. 내담자들도 대부분 그렇게 말하고요. 실제로 내담자들에게 불안 반응은 정상적이라고, 전혀 잘못된 게 없고, 망가진 게 아니라고, 그것을 고칠 필요가 없다는 말로 안심시켜주기만 해도 엄청난 효과가 있어요. 내담자들은 이렇게 생각하게 되죠. "아, 이 불안에 대해 내가 망가진 것처럼 계속 반응할 필요가 없구나."

팀 전적으로 동감해요. 나로선 자연스러운 불안 반응이 태초부터 인류를 도왔고 지금도 그러고 있다는 점을 강조할 수밖에 없어요. 불안 반응이 없었다면 우리 인간은 하나의 종으로서 진화할 수 없었을 거예요. 다만 오늘날의 우리에겐 사냥을 나갔다가 진짜로 우리를 산 채로 잡아먹을 수 있는 맹수를 만나는 것 같은 위협이 없을 뿐이죠. 그래서 우리는…….

조시 잘 모르지만, 혹시 올덤에서 자라지 않았어요? (딘이 웃는다.) 제법 번화하잖아요.

딘 네, 로치데일요.

조시 로치데일, 아 그렇군요. 그게 더 좋은 건지 나쁜 건지 모르겠네요.

딘 네. 자라온 배경 때문에 그런가 봐요. (웃음) 하지만 문제는, 아니 문제라고 할 수는 없지만, 그 반응 체계는 인지된 위협에 대해 실제 위협일 때와 아주 똑같이 반응한다는 거죠. 그래서 우리가 사무실에 있으면서 만약 이런 일이 생기면 어쩌지 하고 걱정하거나 그런 불편한 느낌에 사로잡혀 있을 때는 마치 야생에서 우리를 노려보는 호랑이를 만났을 때처럼, 인지된 위협이 정확히 똑같은 불안 반응을 일으키는 거예요.

4장

불안의 증상들

불안의 증상들

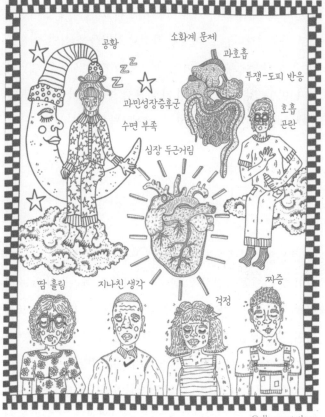

@ellamaestatham

우리 둘 다 불안에서 벗어나는 동안 알게 된 사실이 있다. 내 담자가 느끼는 불안 증상을 설명해보라고 시키는 것이 정말 유용하다는 것이다. 불안은 강렬하고 혼란스러운 증상들을 대거 동반하는데, 이런 증상들 때문에 오히려 더 많은 걱정이 생기고, 결국에는 걱정이 산더미처럼 계속 쌓여가는 수순을 밟기가 쉬워지기 때문이다. 우리는 불안증을 보이는 내담자들을 대할 때, 일일이 그 증상에 집중하고 그 자체를 걱정거리로 다루기보다는 그 이상한 감정과 감각들을 '불안' 이름표가 붙은 서랍에 넣는 것이 큰 도움이 된다는 사실을 깨닫곤 한다. 이번 장에서는 불안의 가장 흔한 증상들 가운데 일부를 소개한다. 물론 정말 이상한 증상도 함께 알아보자!

비현실감 또는 이인증

이 증상은 처음에는 말도 못 하게 무서울 수 있다. 이것은 조시의 첫 번째 공황발작을 촉발한 계기였고, 불안증이 있는 사람들 사이에서는 매우 흔한 증상이기도 하다. 비현실감 또는 이인증離人症은 현실이 아닌 듯한 느낌, 또는 우리 자신이나 우리 주변으로부터 '떨어진' 느낌이라고 설명할 수 있다. 비현실감은 우리의 감각이 살짝 왜곡되어서 그냥 "기분이 좋지 않다"고 느낄 때 일어나지만, 다른 사람에게는 그 느낌을 설

명할 방법이 없다. 그동안 우리가 내담자들에게서 들은 비현
실감에 대한 설명은 이렇다.

- 내 말소리를 듣긴 하지만 내가 말하는 것 같지 않다.
- 현실이 아닌 꿈속에서 사는 듯한 느낌이다.
- 마치 나 자신을 3인칭으로 볼 수 있는 것처럼 느껴진다.
- 그냥 멍하고 그 공간 안에 있지 않은 것 같은 느낌이다.
- 사람들 얼굴이 마치 점토로 빚어진 듯, 진짜 같지 않다.
- 내가 미쳐가고 있다는 첫 번째 신호처럼 느껴진다.

비현실감과 이인증은 사실 아무런 해가 없으며 여러분이
미쳐가고 있다는 첫 번째 신호도 **아니다**. 이 증상은 불편하게
느껴지기도 하지만, 부지불식간에 우리를 덮칠 때는 불안 반
응을 촉발할 수 있고, 따라서 이 증상을 무서워하게 될 수 있
다. 우리가 갑자기 그 증상을 느낄 때는 다음 두 가지 요인이
결합되어 있기 때문이다.

스트레스 호흡과 느린 과호흡

스트레스를 받을 때나 불안할 때, 우리의 호흡 패턴은 보통
우리가 의식하지 못하는 사이에 변한다. 우리는 평소보다 더
많은 산소를 들이마시고, 그 결과 혈중 산소량이 증가해서 이

에 따른 증상을 일으킨다. 스트레스 호흡에는 과호흡뿐 아니라 이산화탄소가 몸 밖으로 덜 배출되는 저호흡도 포함된다. 평소보다 많이 숨 쉬는 과호흡은 며칠에 걸쳐서 일어나기도 하는데, 꼭 공황에 빠진 사람에게만 일어나는 것은 아니다. 그래서 과호흡은 쉽게 눈치 채지 못할 수도 있다. 과호흡으로 혈중 산소량이 증가하면 가벼운 어지럼증, 현기증, 멍해짐 외에도 다양한 신체 변화가 일어날 수 있다. 우리가 비현실감을 경험할 때 그렇게 '이상한' 느낌이 드는 가장 큰 이유는 바로 이 부분이다.

투쟁-도피 반응

우리는 불안을 느낄 때면 투쟁-도피 모드에 들어간다. 우리가 공황을 일으키든 아니면 그냥 긴장감을 느끼든 간에 모두 투쟁-도피 반응의 한 형태다. 투쟁-도피 모드에 들어가면 우리 몸은 혈액을 재분배해서 하체의 주요 근육들에 더 많은 양의 피를 보낸다. 포식자에게서 더 빨리 도망치거나 맞서 싸우기 위해서다(딘과 조시는 덩치만 컸지 마음이 약한 사람들이라 누구와도 싸우지 않을 것이다).

중요한 것은, 그 결과 혈압에 변화가 생길뿐더러 뇌로 들어가는 혈류가 적어진다는 사실이다. 이것 또한 이상한 비현실감과 이인증의 원인이 될 수 있다. 과호흡 때문에 혈중 산소량이 높아진 데다 투쟁-도피 반응으로 두뇌의 혈류가 일시적으로 감소한 결과, 우리는 멍해지고 '현실을 벗어난' 느낌이 드는 것이다.

과호흡

과호흡에 대해 좀 더 알아보자. 불안이나 공황을 겪을 때 일어나는 또 하나의 흔한 증상이 과호흡이다. 우리가 짧고 빠르게 숨을 들이쉬면 호흡은 얕아지고 제한되기 시작하는데, 이 탓에 혈중 이산화탄소량이 감소할 수 있다. 불안의 증상이 다 그렇듯, 과호흡 증상도 갑자기 나타날 때가 많기 때문에 우리를 겁줄 수 있다. 안타깝게도 과호흡이 일어났을 때 불안한 사람은 더 빠르고 얕은 호흡으로 반응하며, 이로써 불안은 더욱 증폭된다. 이 증상을 경험하는 사람들 중 다수가 종종 숨이 막히거나 질식하는 기분이라고 설명한다.

우리는 평소에 규칙적이고 '정상적인' 호흡을 의식하지는 않는다. 하지만 공황이나 불안이 찾아오면, 호흡에 지나치게 민감해져서 숨이 차거나 제대로 숨이 쉬어지지 않는다는 사실에 집중하게 된다. '숨을 못 쉬겠어' 하는 생각이 들면 우리의 불안은 더욱 증폭된다. 이에 따라 불안할수록 더 빠르고 더 밭게 호흡한다.

이 결과 혈중 이산화탄소량이 줄어들면 따끔거림, 가슴 통증, 저림증, 입 마름증 같은 다양한 신체적 증상이 일어날 수 있다.

과호흡은 현기증, 가벼운 어지럼증, 기절할 것 같은 느낌으로도 발전할 수 있다. 이것은 뇌에 혈액을 공급하는 혈관이 좁아진 탓이다.

일부 사람들은 과호흡을 일으키는 경우가 매우 드물다는 사실을 알아두는 게 좋은데, 이들에게는 공포나 두려움에 대한 반응으로서만 이따금 과호흡이 일어날 수 있다. 과호흡은 심장박동을 증가시키고 손발이 차가운 느낌을 유발하기도 한다. 아울러 메스꺼움과 구토를 일으킬 수도 있다.

과호흡은 왜 일어나는 것일까?

우리는 불안하거나 스트레스를 느낄 때 특히 상체가 많이 긴장하는 경향이 있다. 이는 횡격막이 효율적으로 움직이는 능력에 영향을 미칠 수 있고, 결국 호흡 관련 근육에 더 많은 부담을 줄 수 있다. 이렇게 호흡 근육이 오랫동안 지나치게 쓰이다 보면 호흡곤란으로 이어질 수 있는데, 불안한 사람은 이런 느낌이 들면 과호흡으로 반응한다. 불안의 여러 무서운 증상과 마찬가지로 과호흡의 큰 문제는 그 증상이 더 심한 불안으로 이어지는 경우가 많다는 것이다. 이 증상을 겪는 사람들은 종종 다른 의학적 이유가 있을 거라고 굳게 믿고 설명이 필요하다고 확신한 나머지, 불안이 작용하고 있다는 사실을 무시하곤 한다. 불안과 공황을 겪는 이들 중 다수는 자신이 이완하고 있다고 생각할 때조차 과호흡을 하곤 한다. 불안증이 있는 사람이 과호흡을 할 때는 종종 자기 몸에 산소가 충분히 공급되고 있지 않다고 느끼는데, 이것이 다음의 증상으로 이어지기도 한다.

호흡곤란

불안증을 겪는 사람들이 흔히 불평하는 또 하나의 증상은 숨이 쉬어지지 않는다는 것이다. 그리고 '깊은 호흡'을 할 수 없다고, 또는 폐를 가득 채울 수 없다고 느끼기도 한다. 우리가 이 증상을 세 번째로 꼽은 이유는 이것 역시 스트레스 호흡, 즉 과호흡으로 귀결된다는 점에서 비현실감과 적절한 연관성이 있기 때문이다.

지나치게 많은 공기를 들이마실 때, 우리 몸은 혈류 속의 산소량을 조절하기 위해 매우 지능적으로 조치하기 시작한다. 즉 필요 이상의 산소를 섭취하지 않도록 막는 것이다. 쉽게 말해 여러분이 종종 불안을 느끼고 건강 상태와는 아무 상관도 없이 숨을 쉬기 위해 애쓴다면, 그것은 여러분의 몸이 여러분에게 이미 산소가 지나치게 많다고 알려주고 있기 때문이다.

물론 이 사실을 모르는 상태에서 불안을 느낀다면, 우리는 이를 제대로 숨 쉴 수 없다는 신호로 잘못 해석하기 시작할 것이다. 이렇게 되면 불행하게도 우리는 몸이 원하는 것과 정반대의 것을 시도한다. 더 많은 숨을 들이마시려고 애쓰기 시작하는 것이다! 일부 사람들이 공황발작 도중에 극도의 어지럼증과 손발이 따끔거림을 느끼는 것도 바로 이런 이유 때문이다. 하지만 두려워하지 않아도 된다. 여러분이 공황이든 아니든 우리 몸은 항상 균형을 되찾기 마련이니까.

잊지 말자, 제아무리 공황이라도 여러분의 호흡을 멈출 수는 없다!

심장 두근거림

마음이 불안하면 심장이 두근거리고 분당 심박수가 올라가는 것은 지극히 정상적이다. 이것은 불안 반응의 일부로 분비된 아드레날린과 코르티솔이 작용한 결과다. 그리고 불안이 지속되는 동안 심장이 걷잡을 수 없이 뛰고 방망이질 치는 것 역시 흔한 일이다. 이런 두근거림에는 이소성박동異所性搏動이 포함되는데, 이럴 때는 심장이 '박동을 건너뛰는' 느낌이거나 박동이 두 배로 빨라지는 느낌이 든다. 만약 그런 증상이 있어 걱정된다면, 담당 의사와 상의해 적절한 검사를 받아보기를 권한다.

소화계 문제

불안증은 종종 과민성장증후군과 비슷한 증상을 보이기도 한다. 불안하다는 느낌이 들면, 우리 몸은 음식물을 소화하고 처리하는 것보다 위협 대응을 더 우선시하기 때문이다. 그 결과 소화관의 운동이 느려지고, 이 때문에 과민성장증후군과 연관된 아래와 같은 증상들이 일어날 수 있다.

- 속이 더부룩함
- 위산 역류(속쓰림)
- 설사
- 변비
- 위경련
- 치질/치핵
- 배에 가스가 참

투쟁-도피 반응을 위해서는 우리 몸에 많은 에너지가 필요하기 때문에 소화 주기가 일시적으로 멈출 수 있다. 이렇게 되면 위에서 장으로 가는 음식이 소화되지 않은 채 쌓일 수 있고, 그 결과 더 많은 위산 분비, 소화관 내의 음식물 '쓸려 내림'(설사), 또는 변비를 일으킬 수 있는 '막힘' 등의 온갖 신체적 변화가 일어나기도 한다.

가슴 통증

일부 사람들에게 특히 두려운 증상은 가슴 통증이다. 가슴 통증은 여러 가지로 나타날 수 있는데, 보통은 가슴 부위를 칼로 찌르는 듯한 짧은 통증, 둔탁한 통증, 또는 '찢어지는' 듯한 감각 등으로 나타난다. 이런 통증이 심계항진이나 '두근거림'과 함께 나타날 때는 특히나 두려워진다. 불안한 사람들은 이것을 곧 심장마비가 일어날 징후라고, 또는 계속되는 심장 문제라고 잘못 해석할 수 있기 때문이다.

가슴 통증은 불안의 가장 흔한 증상 중 하나이며, 보통은 긴장된 자세와 근육 때문에 일어난다. 우리가 불안을 느낄 때 우리 몸의 모든 근육은 투쟁-도피 또는 경직 반응의 일부로 분비되는 그 모든 아드레날린과 코르티솔을 보상하기 위해 수축한다. 그 결과 보통은 어깨와 머리를 앞으로 내밀고, 가슴은 근육 긴장으로 웅크린 구부정한 자세가 된다. 그랬던 근육들이 이완될 때, 우리는 가슴이 뻣뻣함을 느끼게 되고 종종 통증마저 느낀다. 물론 걱정된다면 확실하게 알아보기 위해 의사의 진찰을 받아보는 것도 좋다.

땀 흘림/발한

땀을 흘리는 것 역시 불안할 때 나타나는 흔한 신체적 증상이다. 우리가 공황이나 불안을 느낄 때 왜 땀을 흘리는지 이유를 알아보자. 우리 몸이 투쟁-도피 반응에 들어갈 때, 교감신경계는 아드레날린을 포함한 호르몬들을 분비하는데, 아드레날린이 땀샘을 활성화한다.

그런데 어느 흥미로운 두뇌 스캔 연구에 따르면, 다른 사람이 공황으로 흘린 땀 냄새를 맡는 행위(비록 역겹게 들리겠지만)는 감정적·사회적 신호를 다루는 두뇌 영역을 밝혀준다고 한다. 우리를 불안하게 만드는 실제의 위협이나 인지된 위협에 상관없이, 불안으로 땀을 흘리는 것은 다른 사람의 두뇌가 그 위협을 경계하도록 진화된 행동이라는 이론도 있다.

우리가 땀을 흘리는 이유에 관한 또 다른 이론은 우리 조상들이 야생에서 사냥하며 포식자들의 공격에 노출되었던 시기와 관련이 있다. 만약 포식자가 우리를 붙잡는다고 해도 미끄러운 땀 때문에 쉽게 빠져나가도록 해준다는 것이다.

땀에는 많은 장점이 있다. 땀은 피부에서 증발하면서 몸을 식혀줌으로써 내부 체온이 올라가는 것을 방지해준다. 그러나 이것이 특별히 불안에 필요하지는 않으므로, 불안을 경험하는 이들은 땀을 더 성가시게 여긴다.

모든 불안 증상이 그렇듯 신경성 발한은 오히려 더 많은 땀을 흘리게 할 수도 있다. 우리가 땀을 흘린다는 것을 의식하고 사람들의 시선을 신경 쓰기 때문인데, 사회적 상황에서는 그 증상이 더욱 심해진다. 땀이 불안의 한 증상이라면 여러분은 아마도 다음과 같은 사이클에 너무 익숙할지도 모르겠다.

몸에 땀이 난다 = 땀이 난다는 사실에 지나치게 예민해지고 그 생각이 머릿속에 '들러붙는다' = 그럴수록 땀이 더 많이 난다.

땀을 흘리는 발한 증상은 불안장애와 관련해서만 일어나는 것은 아니다. 아래와 같이 사람을 긴장시킬 수 있는 일상의 사회적 상황에서도 땀이 날 수 있다.

- 공개 발표
- 부탁하기
- 새로운 사람 만나기

- 취업 면접
- 낯선 상황에 처했을 때

  알려진 바로는 사회불안장애를 가진 사람의 32퍼센트가 주요 증상으로 과도하게 땀을 흘린다고 한다.

수면 문제

수면 부족 또는 얕은 수면과 불안의 증가 사이에는 깊은 상관관계가 있다. 지나친 걱정과 두려움은 잠이 드는 것을 방해하고 밤새도록 깨어 있게 만든다. 또 잠이 부족하면 불안 수준이 높아지기 때문에 그 두 가지 측면이 서로를 부채질하는 악순환을 일으킬 수 있다.

  그렇다, 불안이 수면 부족을 부른다는 것쯤이야 다들 아는 사실이다. 하지만 이것도 알고 있는지? 그동안 수면 부족에 관해 많은 연구가 이루어졌는데, 수면 부족 자체가 불안장애를 일으킬 수 있는 것으로 밝혀졌다. 불면증과 악몽은 범불안장애와 외상후스트레스장애의 흔한 증상으로 기록되고 있다. 그리고 성인 가운데 무려 3분의 1이 수면장애를 겪는다고 한다.

  정신과의사이자 교수인 멜먼Thomas A. Mellman과 어드

Thomas W. Uhde는 공황장애가 있는 사람들과 건강한 사람들을 상대로 흥미로운 연구를 진행했다. 이른 밤의 불면증과 관련해서는 두 집단 사이에 차이가 없었지만, 공황장애가 있는 사람들은 건강한 사람에 비해 '한밤의 불면증'과 '늦은 밤의 불면증'을 호소하는 경우가 더 많았다.

공황장애를 가진 사람 중 다수는 이따금 수면 중에도 공황 발작을 경험한다.

불안이 야기한 수면 문제는 다시 감정적·정신적·신체적으로 우리의 기능에 영향을 미칠 수 있다. 연구원들은 '닭이 먼저냐 달걀이 먼저냐' 하는 해묵은 질문처럼 수면 문제와 불안이 양방향으로 서로 영향을 준다는 사실을 발견했다. 결국 불안을 관리하는 별다른 조치 없이 수면 문제를 치료한다는 것은 실질적이고 지속적인 효과를 볼 가능성이 적다는 점을 명심해야 한다.

집중하기 어려움

집중하기가 힘들다거나 머리가 멍해지는 느낌은 불안장애의 흔한 증상이다. 불안할 때 우리는 머릿속에 '들러붙은' 듯한 생각이나 갑자기 의식하게 된 신체적 감각에 지나치게 몰입하게 되고, 그러다 보면 하던 일과 상관없이 도중에 종종 딴 생각을 하게 된다.

불안할 때 우리는 또 이 생각에서 저 생각을 맴돌거나 건너뛰는 듯한 비이성적인 생각들에 집중하기도 한다. 이렇게 되면 우리 몸은 지나치게 활성화되어 온갖 생각들을 최대한 빠른 속도로 처리하기 시작하고, 결국엔 어떤 것에도 집중할 수 없는 지경에 이르게 된다.

여러분은 그렇게 집중하고 **있는데** 집중력 부족이라고 말하는 것은 오해의 소지가 있을 것이다. 사실 여러분은 자신이 느끼는 불안과 그 불안이 자아내는 느낌이 어떤지 하는 엉뚱한 것에 집중하고 있을 뿐이다. 여러분의 마음이 자꾸 여러분더러 이런 불편한 생각과 감각, 감정에 집중하게끔 만들고 있다는 느낌이 들 때는 당장 해야 할 일에 집중하기가 매우 힘들다.

많은 사람이 불안에 대처하기 위해 기분 전환용 오락거리를 찾는다. 예를 들어 불안 수준이 높을 때 휴대전화를 더 자주 확인하는 자신을 발견하는 경우가 있을 것이다. 휴대전화를 확인하면 긴장이 이완된다는 것을 알기 때문이다. 하지만 그렇게 하면 해야 할 일에서 정신을 팔게 되고, 따라서 집중하기는 더 힘들어진다.

그 외의 증상들

불안은 많은 증상과 함께 나타난다. 그 증상들을 정신적 증상과 신체적 증상의 두 범주로 나눈다면 이해가 더 쉬울 것이다.

정신적 증상에는 다음과 같은 것들이 있다.

- 몰아치는 온갖 생각
- 지나친 고민을 통제할 수 없음
- 집중하기 어려움
- 공포와 공황, 곧 죽을 것 같은 느낌
- 짜증스러움
- 높아진 경계심
- 수면 문제
- 식욕의 변화
- 지금 처한 상황에서 달아나고 싶은 마음
- 비현실감 또는 이인증

신체적 증상에는 다음과 같은 것들이 포함된다.

- 땀 흘림
- 심계항진/심박수가 높아짐

- 과호흡/호흡곤란
- 안면홍조/열감
- 입 마름증
- 어지럼증
- 메스꺼움과 그 밖의 위장 문제
- 눈 떨림
- 근육 경련

불안은 비록 여러 신체적 증상을 일으키지만, 그런 증상이 걱정된다면 항상 의사와 상의하자. 증상이 오래가거나 나빠지는 것 같을 때도 꼭 의사와 상의하자. 안전을 위해서, 그리고 스스로를 안심시키는 데도 그 편이 좋다.

우리의 경험담

조시 자, 그럼 딘이 최고로 꼽는 매운맛 증상 세 가지만 들어볼까요. 먼저 얘기해보세요. 그러면 내가 겪은 매운맛 증상도 말할게요.

딘 내가 꼽는 세 가지라, 우선 뭐니 뭐니 해도 죽음이 다가온 듯한 느낌이죠. 그래서 1장에서 그 두려움을 언급한 거고요. 곧 끝장날 거라는 느낌 말예요. "뭔가 단단히 잘못될 거야" 하는.

조시 맞아요, 나도 그 느낌 정말 싫어요. 그 느낌이 너무나 실감나게 다가오죠, 그렇지 않나요?

딘 정말 그래요. 게다가 그 모든 게 공포감을 주잖아요?

조시 맞아요. "큰일이다, 어떡하지" 하는 말만 나오고 머릿속이 하얗게 되죠. 하지만 내 경우엔 그 공포를 가중시킨 건 이성적 두뇌였어요. 이성적으로는 사실상 아무 문제가 없다는 걸 알고 있는 만큼, 내가 왜 걱정하고 있는지가 걱정되는 거죠. "틀림없이 내 머리에 무슨 문제가 있어"라는 생각이 들면서 그렇게 무서운 느낌이 드는 이유가 두려워지기 시작하는 거예요. 실제로 죽음이 다가왔다면 분명 무슨 일이 벌어지고 있어야 하는데, 조금 시간이 지난 후에야 "아, 그건 속임수였어. 경보의 오작동이었어" 하고 깨닫게 되죠.

딘 하지만 만약 그런 속임수가 없으면 불안은 자기 역할을 하지 않을 거라는 점을 주목할 필요가 있어요. 저기에 위협이 도사리고 있고 거기는 위험하다고 우리를 확신시키는 불안의 역할 말이에요. 결국 죽음이 임박한 느낌은 정확히 불안 반응에 필요한 거죠.

조시 네, 포식자나 온갖 위험을 살피는 데 필요하죠. 그게 딘의 첫 번째 매운맛 증상이군요. 그럼 두 번째는 뭐예요?

딘 두 번째는 뭐니 뭐니 해도 심계항진이나 빠른 심장박동과 관련된 거예요. 난 스마트 워치를 깜박 잊고 나오면 다시 집에 돌아가서 차고 나와요. 믿거나 말거나지만, 왕년에 달리기깨나 했거든요. (웃음) 지금은 믿어지지 않겠지만요.

조시 딘의 몸이 좋은 데는 다 이유가 있군요.

딘 (웃음) 그런가요. 달리기를 자주 하던 시절의 얘기지만, 불안증이 있을 때 스마트 워치를 찬다는 건 그걸 통해 현재 자신의 심박수를 알 수 있다는 얘기죠. 사실 그건 축복이기도 했고 저주이기도 했어요. 불안한 순간이 종종 있기 때문이죠.

한번은 이런 일이 있었어요. 사무실에 앉아 있다가 스마트 워치를 보게 됐는데, 심박수가 마구 올라가는 거예요. 그걸 보면서 이런 생각이 들었죠. "이게 왜 올라가지? 난 여기 컴퓨터 앞에 앉아 있을 뿐인데?" 그렇게 걱정하면 할수록 그 걱정이 나머지 신체적 증상까지 악화시키는 일이 벌어지곤 했어요.

조시 아, 그래요? 그럼 세 번째는요?

딘 세 번째를 꼽으라면…….

조시 자세히 설명하지 않아도 돼요. 그냥 그 증상에서 뭐가 싫었는지 말해봐요.

딘 아마 땀 흘리는 거를 꼽을 수 있을 거예요. 사실

발한은 많이들 얘기하는 증상은 아니에요. 사무실에 앉아 있다는 얘기는 셔츠를 단정하게 입고 민망한 일이 없도록 해야 한다는 뜻인데, 나는 내가 불안해하고 땀을 흘리고 있다는 걸 알고 있어요. 그래서 내가 처한 그 상황이 불편할 수 있죠. 무슨 말인지 알죠? 그러면 이런 생각에만 집중하는 거예요. "사람들이 나를 보고 '가만히 앉아 있으면서 왜 저렇게 땀을 흘려?' 하고 생각하면 어쩌지?" (웃음)

조시 재미있네요. 잘 들었어요. 내 경우는……, 나에게 최악의 증상은 비현실감이었어요. 현실과의 괴리감 때문에 죽을 만큼 겁을 먹곤 했죠. 나는 그게 내 머리가 망가졌거나 어떻게 됐다는 첫 번째 징후라고 생각했거든요. 나머지 하나는 가슴 통증이었고요.

딘 그랬군요.

조시 가슴 통증이 있고 심장이 제멋대로 두근거릴 때 있잖아요. 그럴 때면 불안한 두뇌는 그냥 늘 한

방향으로만 생각하잖아요?

🔵 맞아요.

🔴 이런, 내 심장에 무슨 이상이 생겼구나, 하죠. 그리고 극복하기까지 정말 오랜 시간이 걸렸던 증상은 호흡곤란이었어요. 늘 그런 식이었어요. "큰일이다, 숨을 쉴 수가 없어. 호흡을 가다듬을 수 없어." 물론 지금은 그게 온종일 숨을 너무 많이 쉬었기 때문이라는 걸 잘 알지만요……

🔵 네에.

🔴 그것들이 나의 세 가지 매운맛 증상이었어요. 하지만 그것 말고도 아주 많아요. 아마 불안 증상은 30가지도 넘게 겪었을걸요.

🔵 아까 가슴 통증 얘기를 더 해보죠. 통증이 어떻던가요? 날카로운 통증이에요, 아니면 쥐어짜는 듯한 통증이에요?

조시 여러 가지로 나타나요. 짓누르고, 당기고, 찌르는 통증이죠. 통증에도 여러 유형이 있어요. 근육이 계속해서 수축했다가 팽창하고, 수축했다가 팽창하니까요. 그리고 가슴 근육은 상당히 크잖아요, 어쨌거나 내 근육은 그래요. 난 근육형 인간이라. (웃음)

5장

불안은 위협 대응이다

불안은 위협에 맞선 대응

불안과 그것을 극복하는 방법을 배울 때는, 불안을 위협에 맞선 대응이라고 설명하면 정말 많은 도움이 된다는 것이 우리 생각이다. 간단히 말해서 과도한 불안의 문제는 우리의 위협

@crazyheadcomics

대응이 우리가 원하지 않을 때 **잘못 점화**되면 일어난다. 그리고 어쩌면 가장 중요할 수도 있는데, 불안장애는 우리의 위협 대응이 의도치 않게 **조건화**된 후 촉발될 때 생긴다. 예를 들어 공황장애가 있는 사람들의 편도체는 대개 호흡곤란, 비현실감, 어지럼증, 불규칙한 심장박동 등등 공황의 첫 징후에 반응하도록 조건화되어 있다. 사회불안증도 마찬가지여서 편도체는 사람들에 의해 자극을 받기도 한다. 심지어 광장공포증의 경우는 외출한다는 생각만으로도 위협 대응이 촉발되기도 한다.

여러분은 망가지지 않았다

불안증이 있는 사람들이 종종 동의하는 믿음 중 하나는 자신이 어떤 식으로든 '망가졌다'는 것이다. 하지만 이는 **절대 사실이 아니다.** 왜 그게 사실이 아닌지는 우리의 설명을 들어보시라. 자꾸 불안한 생각이 들고 생생한 상상을 한다는 것은 사실 지능이 높다는 표지다. 그것들은 합리화 과정의 일부로서, 우리 두뇌가 온갖 잠재적 시나리오와 그 결과를 스캔하는 과정에서 일어난다. 예를 들어 도로를 건너기 전에는 만에 하나 질주하는 자동차에 치일 경우를 상상하는 것이 도움이 된다. 그런 상상은 우리가 발을 내딛기 전에 도로 양쪽을 모두 살피게끔 영향을 주기 때문이다. 이와 비슷하게 늦은 밤에 귀가할 때 우리는 공원을 가로질러 가려는 유혹을 느낀다. 어둠 속에서 수상하게 어슬렁거리는 사람들을 피하고 싶기 때문이다. 혹시라도 갑자기 공격당할 수 있다는 생각은 더욱 안전한 길로 집에 가려는 우리의 결정에 영향을 줌으로써 실제로 우리를 안전하게 지켜준다.

그런데 불행하게도 이런저런 결정에 영향을 주는 과정이 일상생활에서 조금씩 뒤엉키기 시작하면 우리 두뇌는 지극히 안전한 상황에서도 최악의 시나리오를 '계산'하는 활동을 시작할 수 있다! 위협 대응이 촉발되면, 우리 마음은 상황을 스캔하고 일어날 수 있는 온갖 잠재적 위험을 떠올리게 된다. 건강염려증이 있는 사람이 두통을 느끼면 갑자기 뇌종양일 수 있다고 믿게 되거나, 불규칙한 심장박동이 심부전의 징후일 거라고 확신하는 것도 바로 그 때문이다.

이와 비슷하게 공황에 빠진 사람은 투쟁-도피 반응의 정상적 징후를 광기나 통제력 상실을 보여주는 첫 징후라고 잘못 해석하기도 한다. 필요하지 않을 때 이런 합리화 과정을 촉발하는 것이 바로 **위협 대응**threat response이다. 사회불안증이 있는 사람은 상대방의 표정을 거절의 신호로 갑자기 잘못 해석하는가 하면, 범불안장애가 있는 사람은 상사가 보낸 이메일을 보고는 해고를 목적으로 직원회의를 소집하려는 거라고 오해하기도 한다.

기억해야 할 것은 우리의 편도체가 잘못 점화될 때, 그것
이 투쟁-도피 또는 경직 반응에 따라오는 여러 **감정**과 **감각**
을 일으킬 수 있다는 사실이다. 이런 작용은 불안의 고통을
한층 더 심하게 만들고 일종의 정신적 렌즈를 제공하기 때문
에, 우리가 하는 생각은 갑자기 더욱 현실감 있게 **느껴진다.**
보통 우리는 우리가 하는 대부분의 생각에는 감정적으로 반
응하지 않지만, 위협 대응이 촉발되고 아드레날린과 코르티
솔의 효과를 경험할 경우, 무서운 생각의 강도가 갑자기 증폭
될 수 있다. 이를테면 조용한 아침에 "내가 미치면 어떻게 될

@crazyheadcomics

친절한 불안 상담소

까?" 하는 이상한 상상을 할 수는 있어도 그런 생각이 별 영향을 미치지는 않을 것이다. 하지만 이미 위협 대응이 촉발되었다면 그 생각은 더 생생히 다가오고 한층 더 무섭게 느껴질 수 있다.

이것만은 잊지 말자. 단지 여러분의 위협 대응이 촉발되었다는 이유로, 그것이 여러분이 어떻게든 망가졌음을 뜻하지는 않는다는 것이다. 과도한 불안은 하나의 **상태**이며, 상태의 정의에 따르면 그것은 다른 상태로 바뀔 수 있다는 뜻이다. 단지 편도체와 위협 대응이 잘못 점화되었고 아드레날린 대량 분출의 효과를 경험한다는 이유만으로 여러분이 영원히 병든 것은 아니다. 여러분은 얼마든지 회복할 수 있고 또 반드시 회복할 것이다.

불안 극복은 위협 대응을 끄는 것

간단히 말해서 불안한 상태를 극복한다는 것은 필요하지 않을 때는 위협 대응을 끄도록 잘 관리한다는 뜻이다. 다만 불안을 완전히 없앨 수는 없다는 사실을 꼭 기억하자. 불안은 우리 신체와 정신에서 정상적이며 꼭 필요하고 건강한 기능이다. 우리가 살아가는 데는 위협 대응이 필요하다! 위협 대응은 아주 쓸모가 있어서 지금까지 우리 목숨을 구해준 경우가 셀 수 없이 많을 것이다. 하지만 시간이 지나면서 우리는 위협 대응을 달갑지 않게 여기게 되는데, 쓸데없이 그것을 가지고 하루하루를 사는 게 괜히 억울해지기 때문이다.

조시는 '패닉 룸'에서 불안증이 있는 고객들을 만날 때마다 치료를 통해 무엇을 얻고 싶은지 묻는데, 이런 대답을 종종 듣는다.

"그냥 정상적인 나를 다시 한 번 느끼고 싶어요."

"이런 기분을 그만 느꼈으면 좋겠어요!"

한마디로 내담자들이 원하는 바는 이것이다.

"내 몸의 위협체계를 끄고 싶어요. 그건 두렵고 불편해요."

우리는 불안이 하나의 위협 대응이라고 개념화했지만, 여러분도 그 개념을 받아들이기를 진심으로 소망한다. 그 모든 두려움, 불확실함, 몰아치는 온갖 생각, 신체적 증상, 온갖 걱정, 끔찍한 재난이 곧 닥칠 거라는 확신 등은 모두 똑같은 반응의 일부다.

이 위협 대응의 신경생물학을 들여다볼 때 우리가 그것을 끄기 위해서는 편도체와 어떻게 상호작용할 수 있는지를 이해하는 것이 정말 중요하다. 물론 우리가 직접 편도체를 통제할 수 있는 것은 아니다. 하지만 편도체가 위협 대응을 켜고 끌 때의 판단에 중대하게 영향을 미칠 수는 있다. 결국 편도체는 위험이 없다고 판단하면 스위치를 끈다. 바로 이때 우리는 아드레날린, 코르티솔과 관련된 감정이나 감각을 느끼지 않게 되며 평온하고 '정상적인' 상태로 돌아간다. 불안이 느껴지지 않을 때는 편도체가 이미 꺼진 후다!

하지만 꼭 기억해야 할 것이 있다. 위협 대응에 대해 우리가 이래라저래라 할 수는 없다는 사실이다. 이는 편도체가 생각하는 뇌와 **한 방향으로만** 연결되어 있기 때문이다. 다시 말해 편도체는 생각하는 뇌에 신호를 보낼 수 있는 반면, 우리가 정보를 다시 편도체로 보낼 수는 없다는 얘기다. 바로 그래서 여러분의 불안을 향해 이래라저래라 말하는 것은 사실상 효과가 없다. 생각해보자. 불안이 밀려올 때 스스로 무시하려고 애썼던 적이 얼마나 많았던가? 또는 불안더러 "저리가, 꺼져"라고 말했던 적은 얼마나 많았던가? 또는 자신을 설득하기 위한 말을 되뇌었던 적은 얼마나 많았던가? 그런 노력이 효과가 없는 것은 다 이런 이유에서다.

그러나 효과가 **있는** 것은 우리의 감각을 이용해 편도체에게 **보여주는** 것이다. 우리는 두려움—즉 편도체가 '위협'으로 정의하는 것—을 마주함으로써 불안 반응을 적극적으로 꺼 나갈 수 있다. 그렇게 되면 앞으로 불안 반응은 촉발되지 않을 것이며, 우리는 다시 평범한 생활을 시작할 수 있다. 물론 여기에는 약간의 용기가 필요하지만, 여러분은 자신이 안전하다는 사실을 알게 될 것이다.

위협 대응의 목적

여러분이 왜 초조함을 느끼는지 생각해본 적이 있는지? 초조함을 느낀다는 것은 위협 대응의 순한 표현과 같다. 초조함을 느낄 때 우리는 대개 주의력이 높아지고 미어캣처럼 초긴장 상태가 된다. 감각이 날카로워지면 생각은 더욱 세세해지고 더욱 위험해진다. **과잉 각성** 상태가 될 수 있다는 얘기다. 하지만 과잉 각성의 목적은 무엇일까? 미어캣의 입장에서는 다가오는 자칼에게서 도망치기 위해(또는 용기가 있다면 주먹을 불끈 쥐기 위해) 과잉 각성이 필요하다. 하지만 그것이 중요한 온

@crazyheadcomics

라인 화상 회의에서 와이파이 신호가 안 잡혀 초조해하며 집에 앉아 있는 우리와 무슨 상관이 있을까? 일상생활에서 과잉 각성은 대체 무슨 소용이 있을까?

이 위협 대응의 목적을 잘 이해하려면 **생물학적으로** 접근해야 한다. 우선 중요한 두 호르몬인 코르티솔과 아드레날린을 살펴볼 필요가 있다. 이 두 호르몬은 위협 대응에서 굉장히 중요한 역할을 하지만, 생물학적 관점에서 이해를 돕기 위해 우리는 먼저 코르티솔에 초점을 맞추려 한다. 코르티솔은 다른 말로는 '스트레스 호르몬'이라고 한다. 코르티솔은 부신에서 분비되는데, 아드레날린을 분비하는 바로 그곳과 같다. 코르티솔의 별명이 '스트레스 호르몬'이라니, 여러분은 이런 의문이 들지도 모르겠다. "난 아침에 시리얼 한 그릇을 먹으려는 것뿐인데 코르티솔은 뭐 하러 분비되는 거람?" 그저 평범한 일과대로 움직일 뿐인 이런 시간에 우리는 편안함을 느껴야 마땅하다. 그렇다면 눈앞에 닥친 **당장의** 위험이 없을 때 코르티솔이 분비되는 목적은 무엇일까? 한번 알아보자.

몸과 마음이 스트레스를 받을 때 우리는 혼란에 빠지기 쉬우며 우리가 위협을 받고 있다고 인지하게 될 수 있다. 하지만 아드레날린이 분비될 때는 우리에게 **즉각적인** 위협이 닥친 순간이다. 아드레날린은 에너지가 차오름을 느끼게 해서 곰과 한판 붙어볼 만하다는 용기를 주거나, 비록 달리기라고는 평생 해본 적 없다고 해도 적어도 곰보다 빨리 달릴 수 있을 것 같은 기분을 느끼게 해준다. 아드레날린이 솟구치면 우리는 스스로 방어하든(투쟁) 그 현장에서 달아나든(도피) 즉각적인 행동을 취한다. 맹수가 쫓아오고 있다면, 여러분에게 필요한 것은 아드레날린이다. 그런데 이 호르몬의 양은 제한되어 있다. 만약 우리가 일상생활에서 아드레날린을 모조리 쓰면서 다닌다면, 모퉁이에서 어슬렁어슬렁 나오는 곰을 보고 갑자기 행동을 취해야 할 때 어떻게 될까? 아드레날린이 바닥난 우리는 맞서 싸울 수도 없고 달아날 수도 없다. 그런데 천만다행으로 중간 매개자가 있으니, 그게 바로 코르티솔이다.

우리는 코르티솔만큼은 아드레날린보다 더 많이 가질 수 있다. 이 코르티솔이 우리 몸을 따라 흐를 때, 우리는 반은 위협받고 반은 일상적인 모드에 머무를 수 있는데, 바로 이 모드에서 초조한 느낌이 작용한다. 우리는 평소대로 움직이지만 그렇다고 꼭 편안한 것도 아니다. 이것이 코르티솔이다. 코르티솔은 높은 각성 상태를 유지해주기 때문에 위협을 받고 있다는 생각이 들면 재빨리 아드레날린과 접속하게 해준다.

머릿속으로 시간여행을 떠나보자. 우리는 수십만 년 전의 세렝게티 평원에 와 있고 사방에 맹수들이 돌아다니고 있다. 눈 닿는 곳 어디에나 사자, 하이에나, 치타가 어슬렁거린다. 이때 코르티솔은 우리의 높은 각성 상태를 유지해준다. 이 시나리오에서는 이런 각성 상태가 매우 중요한데, 인간인 우리가 사자와 정면으로 맞설 경우 끔찍한 변을 당할 수밖에 없기 때문이다. 우리는 사자와 맞서 싸울 수도 없고 사자에게서 달아날 수도 없다. 우사인 볼트 같은 사람이라면 재빨리 도망치려는 시도를 해볼 만하지만, 제아무리 초인적일 만큼 빨라도 목숨을 부지할 가능성은 별로 없다. 그렇다면 달아난들 무슨 소용이 있단 말인가?

그런데 코르티솔은 우리가 높은 각성 상태에 머물도록 도와준다. 이 스트레스 호르몬이 우리에게 **맹수가 다가오는 것을 보게** 해주기 때문에, 세렝게티 초원에서 살아남기 위해서는 이와 같은 높은 각성 상태가 매우 중요하다. 우리는 맹수가 덮쳐 위협 대응을 촉발할 때까지 기다릴 생각이 없다. 이런 상황에서는 각별한 경계를 유지하면서 위험 가능성을 낮추고 위험을 회피하고 싶을 뿐이다. 코르티솔은 사실상 주변에서 무슨 일이 벌어지고 있는지 알게 해줌으로써 **미리** 우리의 목숨을 구하는 역할을 해왔다. 아마도 우리는 나무가 부스럭거리는 소리를 들으면 그 근처에 가지 말아야겠다는 지혜로운 판단을 내릴 것이고, 그렇게 결국 목숨을 구할 수 있을 것이다. 어쩌면 이렇게 생각할지도 모른다. "저기 나무 사이에서 소리가 나네……. 뭔지는 모르겠지만, 아마 맹수일 수도 있을 거야……. 혹시 위험한 상황이 닥칠 수도 있으니 저 수풀 무성한 근처에는 얼씬도 하지 말아야지. 멀찌감치 떨어져 있는 게 낫겠어." 이런 생각은 모두 코르티솔 덕분이다.

물론 우리가 있는 곳이 세렝게티 초원이라면 코르티솔은 매우 소중하다. 하지만 오늘날의 우리는 일상에서 존재하지도 않는 포식자를 혹여나 하고 찾고 있는 까닭에 우리의 위협 대응은 혼란을 겪는다. 코르티솔이 무엇이고 그것이 이런 위협 대응에서 어떤 기능을 하는지 이해하는 것이 중요한 이유는 코르티솔에 **관여하지 않기** 위해서다. 만약 이미 몸에 코르티솔이 활발히 흐르고 있고 우리가 그것에 반응한다면, 우리는 사실상 안전한 환경 속에 앉아서 이런 생각을 할지도 모른다. "만약 사람들이 나를 우스꽝스럽게 여기면 어쩌지, 만약 내가 사람들 앞에서 토하면 어쩌지, 그리고 만약에⋯⋯ 혹시라도⋯⋯ 만약에⋯⋯." 이런 생각은 다른 상황이었다면 훨씬 더 잘 쓰일 수 있었을 에너지를 엄청나게 낭비하는 셈이다. 우리는 이런 메시지들이 진짜라는 생각에 사로잡히지만, 그것들은 진짜 메시지가 아니다.

예를 들어 여러분에게 사회불안증이 있어서 2주 후에나 있을 파티를 벌써부터 걱정하고 있다면, 또는 여러분의 직장에서 평가회가 예정되어 있다면, 그것은 높은 경계 상태에서 생활하는 대표적인 예라고 할 수 있다. 여러분은 이런저런 걱정에 사로잡히게 된다. "사람들이 이렇게 말하면 어쩌지⋯⋯." 또는 "만약 이런 일이 생기면 어쩌지⋯⋯." 그 생각에 귀를 기울인다면 여러분은 필요하지도 않은 때에 스트레스 반응을 유지하는 것이다. 결국 이것은 그 상황을 둘러싼 스트레스를 지속시킬 뿐이다.

오늘날 우리의 스트레스 반응은 현대적인 상황에 적용하려고 시도하는데, 바로 이 대목에서 우리는 혼란을 느낀다. 이미 절반쯤 스트레스 반응 상태에 있다면 싸우든 도망치든 행동은 더 빨라지고, 아드레날린은 더 쉽고 더 빠르게 분비되어 우리는 진짜로 나쁜 일이 생기기 전에 도망칠 수 있게 된다. 그러나 일상생활에서 마주치는 위험들은 진짜 위험이 아니다. 진짜 나쁜 일이 일어날 가능성은 크지 않다. 이렇게 생각해보자. 무서운 영화를 본 후 친구가 여러분의 팔을 건드리자 화들짝 놀란 게 전부인데, 그 때문에 초조함을 느꼈던 적이 있는지? 바로 그런 것과 똑같다. 코르티솔은 여러분이 고도의 경계 상태를 유지하게 함으로써 필요할 때 아드레날린이 쉽게 전달되도록 해준다.

결국 이 위협 대응의 목적은 무엇일까? 그것은 우리 목숨을 **미리** 구해줄 수 있다. 터놓고 말해서 우리는 싸움 실력이 대단한 것도 아니고 달리기 실력도 별로이기 때문에, 우리가 투쟁이나 도피 중 어느 하나를 택해야 하는 상황을 피하게 도와주는 것이다. 그러니까 아드레날린을 보존하되 긴장을 풀지 않게 해준다는 얘기다. 만약 우리가 세렝게티 초원에 있다면 우리는 이 코르티솔 위협 대응의 생물학과 그 필요성을 진심으로 고맙게 여겼을 것이다.

우리의 경험담

조시 나한테 정말 흥미로웠던 건 불안 화학물질의 서로 다른 역할이었어요. 사실 나중에 알게 된 건데, 코르티솔이 우리를 초조하게 만드는 거였더군요. 그 이유는 이런 거죠. 우리가 세렝게티 초원에서 맹수들을 살피고 있다고 해봐요. 우리는 사자와 싸우거나 사자에게서 달아날 수 없다는 사실을 잘 알고 있어요. 우리는 그런 데는 소질이 없으니까요. 하지만 코르티솔이 우리의 긴장을 유지해주는 덕분에 멀리서 다가오는 사자무리를 볼 수 있죠.

그런데 지금 우리의 위협 대응도 정확히 똑같아요. 문제는 코르티솔이 있어야만 멀리서 다가오는 짜증나는 상사를 볼 수 있는 건 아니라는 거죠. 우리를 위협하는 이메일이 올 거라고 예상할 때도 굳이 코르티솔이 필요 없어요. 그런 한편 인지된 위험이 실제로 일어날 때 아드레날린의 역할은 "퍽!" 하는 타격처럼 다가오죠. 바로 그때 우리는 갑자기 공포를 느끼는 거고요. "아뿔싸, 뭔가 나쁜 일이 곧 벌어지겠군" 하는 두려움, 심장이 마구 두근거리고 곧 죽을 것 같은 느낌이 들죠. 나는 그 점이 정말 흥미롭다고 생각했어요. 위협 대응이라면 그게 말이 되니까요. 그런데 수십만 년 전이었다면 말이 되지만, 지금 상황에서는 이해하기가 좀 힘들어요. 여전히 우리가 위협 대응을 한다는 것에 어떤 긍정적인 면이 있을까요?

딘 상황마다 다른 것 같아요. 확실히 불안을 바라보는 사람들의 시선이 좋지는 않지만, 여러 상황에서 우리를 안전하게 지켜주는 게 바로 불안이잖아요. 그래서 불안은 생명을 위협할 수 있는 특정 상황에서는 여전히 필요하다고 봐요. 무슨 말인지 알죠? 그럼, 이렇게 생각해볼까요? 만약 우리가 불안 따위는 없이 태평스럽게 돌아다닌다면…….

조시 차들이 쌩쌩 달리는 차도 쪽으로 그냥 걸어가겠죠. (웃음)

딘 맞아요, 그리고 초스피드의 신속함이 필요하지 않겠어요? 그래야 차에 치이지 않을 테니까.

조시 사회적으로는 어떻게 될지 상상이 가네요. 몸집도 거대하고 우락부락한 사람한테 겁 없이 다가가서 자기 생각을 말하는 행동 따위는 하고 싶지 않을 거예요. 입을 다물기 위해서는 불안이 필요하군요.

딘 (웃음) 100퍼센트죠.

조시 "당신 머리 스타일이 꼭 조폭 같네. 이크, 빨리 도망쳐!"

딘 하지만 사무실에 앉아 있을 때 이런 강력한 화학물질들이 쏟아진다면 확실히 불리할 수 있겠죠. 그 느낌이 정말 강렬하거든요. 그리고 에스프레소를 마실 때 심박수가 증가하는 느낌이 거의 불안 반응과 비슷하지 않아요? 결국 사무실에 앉아 있을 때 이런 화학물질들이 쏟아진다는 건 확실히 아주 두려운 일이겠죠.

6장

올바른 노출

노출치료의 효과

우리가 불안 또는 '위협 대응'의 스위치를 끌 수 있는 방법은 노출을 연습하는 것이다. 노출치료는 불안장애와 공황장애를 극복하기 위해 시도된 접근법들 중 검증된 것으로 조지프 월피Joseph Wolpe, 스탠리 래크먼Stanley Rachman, 이반 파블로프Ivan Pavlov 같은 위대한 행동학자들이 개척한 방법이다. 노출치료에서 핵심 개념은 체계적 탈감각systematic desensitisation이다. 이는 우리가 느끼는 불안과 불안의 **두려움**에 둔감해지도록 두려운 상황에 자신을 노출하는 치료 기술이다. 아마 노출에 관해 들어본 사람도 있을 것이며, 심지어 노출을 '시도'했어도 효과를 보지 못한 사람도 있을 것이다. 하지만 노출치료는 제대로 했을 때만 효과가 있다. 이번 장은 우리가 회복을 시작할 때 직접 시도한 방식을 설명하기 위해 준비했다.

"노출치료는 내가 공황장애를 극복하는 데는 물론 공황장애 이전의 나에게 더 익숙한 나로서 삶을 살기 시작했을 때 도움이 된 최고의 치료법이에요. 정말 미친 소리 같죠. 당신을 불안하게 만드는 두려움에 당신 자신을 노출하라니, 보나마나 불안 수준이 높아지고 십중팔구 공황발작이 일어날 것 같은 장소에 가야 한다는 얘긴데, 그런 방법으로 불안과 공황을 극복한다? 맞아요! 설사 우리 마음이 우리한테, 과거에 공황을 촉발했던 모든 상황을 피하기 위해 필요한 모든 조치를 해야 한다고 설득할지언정, 그래도 노출을 해야 해요. 그렇게 계속 피하기만 하면 공황장애의 강도와 지속 시간이 증가하면서 두려움이 조건화돼요. 그러다가 특정 공포증과 광장공포증 같은 2차 불안이 더 심해지는 경우도 종종 있어요. 우리는 불안을 일으키는 상황을 피하려 하고 그러기 위해서는 뭐든 하기 때문이죠."(딘)

우리는 앞 장에서 불안은 생물학적 의미에서 문자 그대로의 '위협 대응'으로 개념화하는 것이 더 좋다고 설명했다. 만약 여러분이 무언가를 걱정하는 상태라면, 그때 나타나는 온갖 신체 증상들과 몰아치는 생각, 죽을 듯한 느낌, 두려움과 공포, 자신의 기분에 대한 집착 등은 한마디로 신체의 위협 대응이다. 그렇다면 "위협 대응을 끄는 것이 좋지 않을까?" 하는 질문이 자연스레 생긴다. 사실 바로 그런 관점에서 바라볼 필요가 있다.

노출은 "일단 가서 그냥 하는 거야!"가 아니다. 너무도 많은 사람이 잘못된 믿음의 함정에 빠져 노출이 불안 극복을 위한 단순한 해결책, 거의 두 번 생각할 필요도 없는 해결책이라 여긴다. 노출은 그런 게 아니다. 노출은 심리교육이 함께 결합될 때, **해야 할 것**과 **하지 말아야 할 것**을 구분하는 데는 물론이고, 불안에 도전하고 극복하는 데 엄청나게 효과적인 무기가 된다.

"불안에 도전한답시고 계속해서 나 자신을 상황 속에 억지로 밀어 넣으려 했던 것 같아요. 하지만 불안은 사라지지 않았죠. 그러다가 내가 모든 것을 '이 악물고 버티면서' 헤쳐가고 있었다는 걸 깨달았어요. 마침내 후퇴할 수 있을 때까지, 또는 그 상황에서 나 나름대로 '도피'를 시작할 수 있을 때까지 숫자를 세어나가곤 했던 거예요. 말 그대로 도망치든 술에 의지해 감정적으로 도피하든, 그 순간까지 무작정 버틴 거죠."(조시)

우리가 왜 '노출을 하고 있는지' 이유를 알고, 노출 연습을 해도 될 만큼 **안전하다**는 지식과 믿음이 뒷받침될 때, 바로 이때 진정한 변화가 일어난다! 우리는 두뇌의 재배선 작업을 시작하는 것이다. 그리고 우리가 불안한 감정과 감각을 견딜 수 있다는 사실에 주목하기 시작한다. 이제 우리의 대처 능력

에 자신감이 생기고 회복 과정이 빨라진다. 궁극적으로 말해, 노출의 목표는 우리를 불안하게 만드는 것을 향해서, 그것이 얼마나 불편할지 알면서도 **의도적으로** 다가가고, 그 생각과 감정, 감각을 **의도적으로** 용인하는 지점에 이르는 것이다. 일단 '나쁜 일'이 일어나지 않는다는 것, 그리고 우리가 실제로 그것을 견딜 수 있다는 것을 알게 되면, 우리 자신과 편도체는 이제 불안 자체를 위험으로 판단하지 않게 된다.

2차 불안

노출이 불안에 효과적인 이유는 두 가지다. 첫 번째는 우리
가 필요로 하지 않는 상황에서 편도체를 끄게 되기 때문이고,
두 번째는 우리도 모르는 사이에 **공포증**을 극복하게 되기 때
문이다. 이 공포증은 우리 자신의 불안 반응에 대한 공포로,
2차 불안이다. 불안은 불편할 수 있고 우리를 두렵게 만들지
만, 사람은 누구나 불안을 경험한다. 불안은 건강하고 또 필
요한 신체 반응이다. 그러나 과도한 불안을 가진 사람의 경우
종종 2차 불안이 발생하기도 한다.

다음은 2차 불안을 가진 사람들이 공통적으로 이야기하는
몇 가지 예다.

- 나는 왜 그렇게 자주 불안에 휩싸일까? 이것은 무엇을
  의미할까?
- 나는 내가 **왜** 공황에 빠지는지 몰라서 공황에 빠진다.
- 나는 불안해질 경우를 **대비해** 상황을 회피하는 거야.
- 오늘은 공황발작이 일어나지 않았으면 좋겠어.
- 이런 감각은 불안의 첫 번째 징후일까?
- 내가 아직도 이 비현실감을 느끼고 있나?
- 내 맥박이나 심장박동이 빨라지지 않았으면 좋겠어.
- 아침에 눈을 뜨면 내가 불안한지 확인한다.

• 그저 정상적인 나로 돌아가고 싶을 뿐이야.

회복 과정의 일부는 우리의 공포 반응과 우리의 관계를 재정의하는 것이다. 특히 공포영화나 방 탈출, 테마파크가 세상에 존재하는 이상, 사람들이 저마다 각자의 공포 반응과 어떤 관계에 있는지 생각해보는 것은 흥미로운 일일 것이다. 어떤 사람들은 공포가 안겨주는 '흥분' 때문에 공포 반응을 불러일으키는 것을 즐긴다. 이른바 '아드레날린 중독자'들이 그런 사람들이다. 바로 그 때문에 사람들은 무서운 영화를 보러 가고, 롤러코스터를 타고 공중에 내던져지기 위해 줄을 서고, 돈을 지불하면서까지 점프의 공포를 경험하려 한다. 이런 사람의 경우 불안 반응과의 관계는 긍정적인데, 그 믿음이 안전이라는 토대 위에 세워져 있다는 사실이 중요한 역할을 한다.

노출이 우리에게 도움이 되는 것은 바로 이 대목인데, 결국에는 불안 스위치를 끄는 것은 물론, 공포나 불안 자체가 떠오를 때 그것과 함께 있는 연습을 함으로써 불안에 도전한다는 의미가 있기 때문이다. 노출은 더 많이 연습할수록 그만큼 더 쉬워진다. 하지만 확실한 효과를 거두려면 먼저 어떻게 연습하면 좋은지 살펴봐야 한다.

안전 행동

노출을 연습할 때 넘어야 할 가장 큰 장애물은 안전 행동 safety behaviours을 하는 것이다. 안전 행동은 단기적으로는 불안을 줄여주기 때문에 도움이 되는 것 같지만, 장기적으로는 불안을 지속시키기 때문에 오히려 문제가 될 수 있다. 왜 그럴까? 안전 행동은 그 자체의 속성 때문에 우리가 두려움을 직접 마주하고 바라보는 것을 막는다. 대신에 그것은 '안전하기 위해서는 이러이러한 특정 행동을 해야겠군' 하는 인식을 강화한다. 이렇게 되면 불안을 유발하는 상황에 대한 두려움은 계속된다. 그리고 이때 우리는 잠재적 재난을 방지하고 있다고 확신이 드는 방식으로 선택하고 행동하게 된다. 알다시피 우리는 혹시라도 나쁜 일이 일어날 '만약을 대비해서' 무언가를 할 때 안전 행동을 한다. 대표적인 안전 행동으로는 다음과 같은 것들이 있다.

- 산책하러 나가려는데 혹시 공황에 빠질 경우를 대비해서 너무 멀리 가지는 말아야지.
- 회의에 참석할 건데, 만약 필요하다면 얼른 나갈 수 있게 출입문 근처에 앉아야겠어.
- 파티에 참석할 거야. 하지만 만일의 경우를 대비해서 내 파트너 옆에 딱 붙어 있을 거야.

- 휴가 갈 예정이야. 하지만 허브 치료제와 보조제가 없으면 안 돼. 그리고 가까운 병원을 검색해봐야겠어.
- 새로운 증상이 나타날 때마다 인터넷 검색을 해봐야지.
- 혹시라도 답답하게 갇힌 느낌이 들지도 모르니 대중교통을 타는 대신 걸어서 출근해야지.
- 운전 중에 공황에 빠질 수도 있으니 고속도로는 피하는 게 좋겠어.
- 불안을 느낄 경우를 대비해 안전 지대나 안전한 사람이 늘 근처에 있어야 해.

이 가운데 하나라도 여러분에게 해당한다면 그것에 **안전 행동**이라는 꼬리표를 붙이는 게 좋다. 우리는 회복 과정을 거칠 때, 안전 행동을 두 가지로 구분하는 것이 도움이 된다는 사실을 깨달았다.

절대적 회피

이것은 어떤 느낌이 들지 두려워서, 또는 어떤 식으로든 통제력을 잃을까 두려워서 어떤 것들을 절대적으로 피할 때를 가리킨다. 집을 나서기 힘든 사람, 휴가를 떠나기 힘든 사람, 새로운 장소에 가거나 새로운 사람을 만나는 일이 힘든 사람, 새로운 직업에 도전하기 힘든 사람들이 해당된다.

먼저 두뇌의 입장에서는 **회피**가 궁극적인 안전 행동이라는 점을 기억하자. 불안한 마음은 우리가 두려워하는 '재난'이 일어나지 않을 거라는 100퍼센트에 가까운 확신을 원한다. 그 확신을 보장할 수 있는 가장 근접한 방법은 최대한 그 가능성을 피하는 것이다. 이를테면 "공항에서 공황이 찾아오면 어쩌지?" 하는 걱정은 "아예 공항에 가지 않으면 공항에서 공황을 일으킬 수가 없잖아?" 하는 생각으로 해소된다.

반드시 기억해야 할 것이 있다. 투쟁-도피 반응의 유일한 목적은 여러분이 회피하게끔 만드는 것이다. 이 위협 대응은 여러분을 안전하게 지키고 싶어 한다. 그러나 불안장애가 있어서, 실제로 눈에 띄는 불안 요인이 존재하지 않는데도 "만약 ……하면 어쩌지?" 하는 식으로 가능성이 지극히 희박한 생각에 반응해 안전 행동을 한다면, 불안한 두뇌에 혼란을 주고 우리에게는 나쁜 습관을 안겨줄 뿐이다. **회복은 절대적 회피에 도전하는 것으로 시작된다.**

미세 회피

이것은 매우 은밀한 형태의 회피라고 할 수 있다. 회피해오던 어떤 것을 하려고 큰 용기를 냈지만, 그것이 두려움 극복에는 아무 소용이 없었던 적은 없는지? 그래서 여전히 상황을 두려워하면서 집으로 돌아가지는 않았는지? 이렇게 되는 이유는 주로 두뇌의 판단 때문이다. 두뇌는 우리가 노출할 때 동원한 거짓 위안 때문에 우리가 그 사건을 겨우 빠져나갔다고, 또는 무서운 상황을 억지로 버텨냈다고 생각한다. 미세 회피 또는 억지로 버티기의 몇 가지 예를 들어보자.

- 외출할 거야. 하지만 물과 치료약 같은 필수 생존 물품을 넣은 가방이 없으면 안 돼.
- 영화관에 갈 거야. 하지만 맨 끝자리에 앉을 거야.
- 파티에 참석했지만, 내내 출입문 근처를 떠나지 않았지.
- 회의에 끝까지 앉아 있었지만, 계속 시계를 쳐다보면서 방을 나가기까지 얼마나 남았는지 시간만 헤아렸어.
- 차를 몰고 고속도로를 탔지만, 천천히 가도 되는 맨 끝 차선으로만 달렸지.
- 등산을 하기는 했는데, 아내와 함께여서 겨우 해냈어.
- 장 보러 가는 건 성공했지만, 다행히도 비상 상황에 대비한 휴대전화가 있었지.
- 휴가를 떠났지만, 하루가 지날 때마다 그만큼 집에 가는 날이 가까워졌다고 스스로를 안심시켰어.

우리는 몇 년이나 이런 식의 노출을 했다. 우리는 상황을 견디기 위해 이를 악물고 억지로 버텼지만, 그 모든 노력의 중심에는 우리의 안전 공간으로 돌아갈 수 있다는 믿음이 있었다. 우리는 그 모든 것을 잘못 알고 있었다. 노출의 궁극적인 목적은 두려움을 느끼는 위협 대응은 문제가 없으며, 그 자체가 공포는 아니라는 점을 보여주는 것이다.

그러나 이렇게 생각해보자. 만약 우리가 안전한 물건을 가지고, 안전한 사람들과 함께 노출한다면, 또는 그저 시계만 바라보다 끝낸다면, 도전적인 노출이 어떻게 칭찬받을 일이 되겠는가? 우리가 가능한 한 빨리 그 상황을 벗어날 수 있었기 때문에 두뇌는 그 경험에서 우리가 '살아남았다'는 것밖에 배우지 못한다. 우리는 여전히 두려움으로 행동하고 있었고, 그래서 두뇌는 여전히 그것을 두려워해야 할 상황이라고 인식한다.

한편 우리는 안전 행동에 지나치게 의존하게 될 수도 있고, 특정한 안전 소품에 의지할 수 없을 때는 더 불안해지기도 한다. 불안감을 느끼지 않게 우리를 지켜주는 안전 소품과 행동은 고맙게 여길 만하다. 그러나 이런 상황이 되풀이된다면 안전 행동 없이 똑같은 상황에서 우리가 **진정** 어떻게 대처할지 영영 알 수 없을 것이며, 따라서 계속 안전 소품에 대한 의존성만 높아지게 될 뿐이다.

여러분 자신한테 물어보자. 여기서 칭찬받을 사람은 누구인가? 용감했던 나인가? 아니면 미세 회피 수단인 내 가방과 안전 행동인가?

점진 노출과 홍수 노출

불안에 도전하는 방법은 두 가지가 있다. 점진적으로 조금씩 접근하는 방법과 곧장 뛰어드는 방법이다. 대체로 우리는 불안 반응에 도전하는 **점진적 접근법**을 추천하는데, 여기에는 여러 작은 단계와 관리 가능한 목표가 필요하다. 예를 들어 우리의 목표가 혼자서 쇼핑몰에 가는 것이라면 아마 쇼핑몰에 가서 5분 동안 걸어다니다가 나오는 시도를 하는 것이다. 그런 다음 조금씩 노출 시간을 늘린다. 이런 방법으로 서서

히 편도체로 하여금 쇼핑몰이 안전하다고 판단하도록 유도할 수 있다. 이 원리는 대부분의 공포 불안에도 적용된다. 대부분의 심리치료사는 약간의 두려움을 주는 자극부터 시작해 더 큰 두려움을 주는 자극으로 나아가는 점진 노출을 권할 것이다. 이 방법은 보통 '공포 위계'에 따라 설정되는데, 대개는 낮은 수준의 자극을 극복한 후에야 높은 수준의 자극을 시도하게 한다.

그러나 일부 심리치료사는 **홍수법**을 쓰기도 하는데, 이는 처음부터 가장 힘든 자극을 곧장 도입하는 방식이다. 과학적으로 두 방법 모두 똑같이 성공을 거둔다고 알려져 있지만, 내담자와 치료사들은 개인적인 편안함의 수준 때문에 점진 노출을 선택하는 경향이 있다. 그러니 한번 해보고 싶은 마음이 있고 동기부여가 됐다고 느낀다면 일단 홍수법을 시도해보자! 그것이 여러분을 해칠 수 없다는 지식으로 무장한 채 가서 불안을 느끼고 아드레날린의 홍수 속에 흠뻑 잠겨보자. 그 느낌은 강렬하겠지만 비교적 빠르게 지나간다. 이런 식의 노출은 매우 효과적이지만, 너무나 강렬하고 압도당하는 느낌을 줄 수도 있다는 사실을 잘 알기 때문에 우리는 웬만해서는 홍수법을 권하지 않는다. 이는 우리가 항상 점진 노출을 연습할 수 있는 이유이기도 하다!

인지행동치료에서 노출의 두 가지 유형

실제 노출과 상상 노출

실제 노출in vivo exposure은 공포를 느끼는 자극에 실제로 노출하는 것을 뜻하지만, 경우에 따라 이 노출법이 불가능할 때가 있다. 예를 들어 내담자가 군대에서 폭발을 목격했거나, 성폭행을 당한 피해자로서 외상후스트레스장애로 고통받고 있다면, 당연히 그런 고통 유발 자극에 접근하거나 그 자극을 복제할 수는 없다.

이런 특정한 경우에는 상상 노출이 유용할 수 있다. 내담자는 그런 장면을 생생하게 상상하고 자신이 보게 될 장면과 듣게 될 소리를 묘사해보라는 요구를 받는데, 그것들을 현재 시점에서 묘사하고 생각과 느낌 역시 묘사해야 한다.

이 방법은 훈련된 심리치료사와 함께하는 것이 가장 좋다!

빠른 속도로 발전하는 테크놀로지 덕택에 가상현실 노출 치료가 도입된다는 것은 흥미로운 일이다. 내담자는 가상세계로 들어가 자신의 공포를 마주할 수 있다. 예비 자료들을 보면 이런 형태의 노출도 효과적이다.

노출치료는 내적 단서와 외적 단서를 겨냥할 수 있다. **외적** 단서에 노출하는 대표적인 예로는 뱀공포증이나 고소공포증이 포함된다. 이 경우 노출 작업은 뱀과 함께 일하거나 높은 곳에서 일함으로써 위협 대응을 끄는 훈련법 배우기가 될 텐데, 점진 노출이나 홍수법 중 하나를 쓸 수 있다.

그러나 우리가 알기로 불안은 대부분 **내적** 단서에 의한 것이다. 인지행동치료에서는 이것을 이용한 노출을 **내부감각 수용 노출**interoceptive exposure 또는 자극감응법이라고 하는데, 자기 자신의 불안한 감각을 두려워하는 사람들에게 유용하다. 내부감각수용 노출법의 예로는 공황발작 도중에 경험하게 될 빠른 심장 감각에 익숙해지도록 제자리에서 뛰어 심장 박동수를 높이는 방법이 있다. 범불안장애가 있는 사람에게는 걱정스러운 생각을 의도적으로 끌어내보라고 요구할 수 있다. 심리치료사의 지도에 따라서, 외상후스트레스장애를 가진 내담자가 고통스러운 기억을 다시 떠올리거나 강박장애가 있는 사람이 의도적으로 거슬리는 생각을 불러내는 방법도 있다.

초기의 노출치료는 특정 자극에 대한 노출은 물론 이완 기술까지 포함하고 있었다. 그러나 이 방법의 성공을 검토했던 많은 연구 끝에 내려진 결론에 따르면, 효과를 본 것은 '이완'

이 아니라 '노출'이었다. 오랫동안 우리는 긴장을 이완함으로써 불안장애를 고치려고 했지만, 지금은 위협 대응을 끄는 문제를 해결한 **후에** 이완이 따라온다는 것을 이해하게 되었다. 실제로 일부 사람들, 특히 공황장애가 있는 사람들의 경우에는 이완술이 오히려 해로울 수 있는데, 공황발작의 물리적 감각에 감응하도록 유도되지 않으므로, 공황발작으로 일어날 수 있는 신체 증상들을 계속 두려워하기 때문이다. 샐리 윈스턴Sally Winston 박사와 마틴 세이프Martin Seif 박사는 이것을 **공황유발적 이완**panicogenic relaxation이라고 부른다.

딘은 홍수 노출법으로 공황장애를 극복했다. 그의 공황발작은 그가 쇼핑몰에 있을 때 일어나곤 했다. 그래서 공황장애를 극복하기 위해 딘은 일부러 쇼핑몰 한가운데서 공포 반응을 끌어냈다. 그는 쇼핑몰에서 나가는 대신 쇼핑몰 안을 계속 걸어다녔고, 그러면 불안과 공황은 커지곤 했다. 그는 무섭지 않았을까? 그렇다, 정말로 무서웠다! 그러나 이렇게 노출법을 쓸 때마다 불안 수준은 조금씩 낮아졌고 불안의 지속 시간도 차츰 줄어들었다.

시간이 흐르는 동안 그는 사실상 자신의 뇌를 재훈련하고 있었고, 쇼핑몰은 위험한 장소가 아니라고 위협 대응을 향해 말하고 있었다. 딘은 공황장애가 오기 전에는 쇼핑몰이 무서웠던 적이 없었다. 그 쇼핑몰이 공포를 촉발하게 된 이유는 그곳이 그가 처음 공황발작을 일으킨 장소였기 때문이다. 딘은 그때까지 공황발작 비슷한 것도 경험한 적이 없었으므로, 그의 두뇌는 곧바로 그 쇼핑몰을 공포와 연관 지었다. 공황장애가 최악이던 기간에는 쇼핑몰에 가기 한 시간쯤 전부터 불안해지곤 했다. 쇼핑몰에 갈 생각만 해도 불안 반응이 유도되기 시작했다. 쇼핑몰까지 가는 길에 손이 땀범벅이 되고 가슴은 점점 더 두근거리기 일쑤였는데, 가게 안으로 발을 들여놓기 전부터 그랬다. 미리부터 느끼는 이와 같은 예기불안은 딘이 노출 연습을 거듭할수록 완화되었고, 아울러 이런 연습은 그의 자신감을 키워주었다.

집에 앉아 있어도 불안할 때의 노출

그런데 집에서 그냥 불안을 느낀다면, 또는 우리가 자주 다니고 회피하지 않는 장소나 직장에서 불안을 느낀다면 어떻게 할까? 불안 문제는 우리가 집에서 그냥 '평범한' 일을 하려고 할 때, 집안일이나 목욕, 텔레비전 시청을 하려고 할 때 일어날 수도 있다. 이런 경우에도 우리는 여전히 노출을 연습할 수 있다. 그것도 매우 효과적으로 말이다. 집에서 불안을 느끼는 것은 범불안장애나 공황장애를 가진 사람들에게는 대체로 흔한 일이다. 어느 쪽이든 집에서 느끼는 불안은 매우 흔하며 노출을 시도하기에도 아주 좋다.

집에서 시도하는 노출은 불안한 감정을 느끼면서 앉아 있거나 서 있기를 연습하는 것이 되겠지만, 그러는 중에도 평소 불안을 느끼지 않았을 때 하던 일을 하도록 연습해야 한다. 그 말을 이렇게 바꿔보자.

불안하더라도 평소 하던 일을 계속하려고 연습할 때가 노출이다.

우리는 이것을 강조하고 싶다. 집에서 불안을 겪는 사람들은 종종 자신의 불안을 확인하고, 관찰하고, 불안과 싸우려 하거나 심지어는 아예 다른 곳으로 주의를 돌리려고 애쓰는 경우가 많기 때문이다. 이런 식의 모든 반응은 사실상 불안을 느끼는 것 자체가 걱정해야 할 일이라고 편도체에 신호를 보내는 격이기 때문에, 결국 우리는 생각·감정·행동의 악순환에 빠지게 된다.

노출은 우리가 이렇게 말할 때 일어난다. "그래, 나는 불안을 느껴. 하지만 이건 내 두뇌를 훈련시킬 기회야. 그래도 나는 평소 하던 일을 할 수 있으니 불안이 거기 있어도 괜찮다고 말이야." 마치 일시적으로 불안을 받아들이면서도 우리가 하는 **행동**에 모든 노력을 쏟아붓는 것과 같다. 이런 식으로 불안을 새롭게 구성한다면, 우리는 조금씩 나아지기 시작할 것이며, 결국엔 위협 대응을 설득해 스위치를 끄게 할 수 있

다. 이에 대한 논의와 설명은 다음 장, **새로운 태도 기르기**에
서 알아보기로 하자.

만약 불안을 해소하기 위해 불안할 때 뭐라도 하고 싶다
면, 딘이 도움이 될 만한 것을 제안한다.

"만약 우리가 항상 불안감을 느낀다면, 심지어 책상 앞에
앉아 있을 때나 집에서 텔레비전을 볼 때도 불안감을 느낀
다면 어떻게 노출치료를 활용하면 좋을까요? 글쓰기 노출

은 이런 상황에서 쓰이는 인지행동치료입니다. 자리에 앉아서 자신의 비이성적인 생각과 두려움을 글로 써서 그것들이 실현될 가능성이 얼마나 되는지 이름표를 붙여보는 겁니다. 비이성적인 생각을 마음에서 꺼내 종이로 옮기는 행동, 즉 내부에서 외부로 치우는 행동은 불안을 줄이는 데 강력한 효과가 있을 수 있어요. 물론 불안을 느끼는 동안 앉아 있는 것, 스스로 불안하다고 인정하는 것만으로도 한동안 불편한 느낌이 들겠죠. 하지만 당신은 그 느낌이 뭔지 알고 있어요. 그건 불안이고 일시적이에요. 그것 또한 과거에 그랬던 것처럼, 그리고 앞으로도 그럴 것처럼 생긴다고 해도 곧 지나갈 거예요."(딘)

우리의 경험담

(딘) 사실 나에게는 노출이 최고의 치료법이었어요. 공황장애를 극복하기 위해 내 마음의 힘을 기르는 식으로 혼자서 노출치료를 많이 시도했죠. 알다시피 노출치료에는 점진 노출과 홍수 노출, 두 가지 유형이 있지만, 난 홍수법을 택했어요…….

조시 우와, 독하시네요.

딘 네, 그렇죠.

조시 난 점진 노출을 택했으니 공평하게 됐네요.

딘 노출치료에 관한 연구와 과학에 따르면, 심리치료사와 상담했을 때 대개는 점진적 방법을 선택하는 경향이 있대요. 하지만 점진 노출과 홍수법을 나란히 놓고 봤을 때 결과는 똑같은 경우가 많아요. 그래서 어느 걸 택하느냐는 개인적 기준에 따라 다른 것 같아요. 하지만 나는 홍수 노출, 말 그대로 상황 속으로 나 자신을 밀어 넣는 방법이 나을 것 같다고 생각했죠. 물론 쇼핑몰 한가운데 있으면 불안해진다는 건 알고 있었어요. 그렇다면 어떻게 해야좋을까요? 새 양말이 필요하지도 않은데 일부러 쇼핑몰까지 운전해서 가고, 양말 가게에 들어가서는 불안이 찾아오게 내버려두고, 불안이 보여주는 모든 것을 느끼는 게 맞지 않겠어요?

조시 힘들지 않았어요?

디 물론 힘들었죠. 처음에는 쇼핑몰까지 차를 몰고 가는 것도 무서웠으니까요. 도착하지도 않았는데 벌써 불안해지기 시작했죠. 차에서 내려 쇼핑몰 안으로 들어가는 건 말도 마세요. 처음 그렇게 하고 난 후 아마 바로 집에 갔던 것 같아요. 그러면서 이런 생각을 했던 기억이 나네요. "아까는 대참사였어! 나는 영영 공황장애를 극복하지 못할 거야. 이게 내 모습이잖아, 안 그래?"

그리고 조시도 분명 들어본 적이 있을 테고 아마 그걸 느끼기도 했을 거예요. 오도 가도 못하게 덫에 갇힌 기분요. 터널 끝에 정말 빛이 있는지 의심이 들죠. 완전히 나 혼자만 고립된 느낌. 뭐랄까, 내 머리가 거의 이런 결론을 내린 듯한 느낌. "그래, 이게 나야. 바로 이 모습으로 평생을 살아가야 한다고."

하지만 그래도 나는 계속했어요. 눈 딱 감고 계속했더니 시간이 가면서 불안 반응의 강도가 점점 약해지는 듯한 느낌이 조금씩 들기 시작했죠. 그런 식으로 계속 상황 속에 나를 밀어 넣다 보니 그 불편한 느낌이 편안해지더라고요. 무슨 얘긴지 알죠?

조시 네, 알아요. 아주 멋진데요. 그 얘길 들으니 내가 어떤 상황에 서서히, 한 번에 조금씩 노출하던 때가 생각나네요. 어떤 경우는 곧장 뛰어들기도 했지만, 나머지 경우는 그냥 차근차근 경험을 쌓아나갔어요. 그건 무엇이 옳다고 여겨지느냐에 따라 달라요. 둘 다 비슷하게 효과적이기 때문에 나는 내담자들에게 이렇게 말해요. "둘 중 하나를 선택하시면 됩니다. 당신은 다른 것 대신에 어느 하나를 하게 되지만, 바로 그 때문에 똑같은 장소에 도착할 수 있을 겁니다."

하지만 옛날에 내가 노출치료를 할 때는 달랐어요. 한동안 노출 연습을 하긴 했는데, 바짝 긴장해서 억지로 버텼고 안전 행동에 지나치게 의존했죠. 그리고 크게 좌절해서는 이렇게 생각하곤 했어요. "그래 조시, 치료사를 찾아가야겠어." 그러면 심리치료사는 이렇게 말하곤 했죠. "좋아요. 일이 그렇게 된 거군요. 그래도 다시 해보면 되죠. 하지만 안전 행동 없이 한 번에 조금씩 시도해보세요." 결국 어쨌거나 긍정적인 측면은 항상 있기 마련이죠.

딘 그리고 아마 조시도 많이 봤을 텐데, 실제로 도움이 되지 않는 문구들이나 소셜 미디어가 많잖아요. 불안하면 이렇게 저렇게 감각적인 안전 행동을 해보라는 말들 말이에요. 솔직히 난 요즘엔 좀 헷갈리기도 해요. 조시는 어떻게 생각하는지 몰라도, 그런 게 좋은 영향보다는 나쁜 영향이 더 많을 것 같거든요. 물론 상황 안에 있을 때는 그 즉시 불안을 줄여줄 수도 있겠죠. 하지만 내 생각에 그런 말들은 전반적인 불안장애를 염두에 둔 것 같지는 않아요. 장기적으로 보면 그런 건 별로 도움이 안 되지 않을까요?

조시 도움이 안 되죠. 내가 했던 노출치료 중에서 흥미로웠던 건 이른바 '자극감응법'을 연습하는 거였어요. 옛날에 난 어지럼증을 느끼면 굉장히 두려워지곤 했는데, 일부러 어지럼증을 일으키고 불안을 견디는 연습을 했죠. 멍한 느낌이 두려웠을 때는 일부러 과호흡을 해서 머리가 멍해지게 만든 뒤 의도적 용인을 연습했고요. 그리고 팔굽혀펴기 같은 것들을 해서 가슴 통증이 오게 만들고, 가슴 통증이 언제 찾아오든 거기에 익숙해지게끔 하는 식으로 연습을 계속했어요.

딘 흥미롭네요. 긍정적인 효과 같은 게 있었나요? 전에도 그걸 치료에 적용해본 적이 있어요?

조시 아, 많았죠.

딘 사실 나도 그 방법이 정말 좋다는 얘기를 많이 들었어요.

조시 난 내담자들에게 계단을 몇 번 오르내리라고 시키기도 해요. 심박수가 높아지게끔요.

딘 네에.

조시 물론 줄 세워서 행진시킨 건 아닌데, 그것도 고려해볼까 봐요. (웃음)

7장

새로운 태도 기르기

자기 비판적인 태도에서 벗어나라

불안에서 회복할 때 가장 큰 걸림돌 중 하나는 불안을 바라보는 우리의 부정적인 시각이다. 물론 불안을 극복하려고 시도할 때 우리가 스스로에게 말하는 방식도 포함된다. 자신을 용서하고 자기 연민을 가지고 참을성 있게 불안과의 싸움에 접근하는 사람은 자기 삶을 다시 원래 궤도에 돌려놓게 될 것이다. 반면에 매우 자기 비판적이고 불안을 실패의 표지로 여기고, 따라서 불안한 자신을 탓하는 사람이라면 불안과 싸우는 시간이 그만큼 더 길어질 것이다. 불안 극복과 관련해서는 더욱 건강하고 새로운 태도를 갖는 것이 무엇보다 중요하다.

"우리가 스스로에게 비판적이라면 불안에 도전하는 건 아무 의미가 없어요."(조시)

불안의 심리교육 측면을 알아보았으니 이제 성공의 실제 의미를 둘러싼 믿음과 함께 내면의 대화가 불안 극복에 어떻게 영향을 미칠 수 있는지 더 분명하게 이해해보자. 우선은 우리 자신을 피해자나 불치병에 걸린 사람으로 보지 말아야 한다. 그보다는 제대로 노력만 한다면 얼마든지 깨뜨릴 수 있는 순환고리에 살짝 갇혀 있는 사람으로 자신을 보는 태도가 꼭 필요하다. 우리 둘은 불안의 고약한 고리에서 벗어나는 것은 누구나 할 수 있다고 굳게 믿고 있다.

자기 비판적인 태도가 도움이 되지 않는 이유는 비판적 태도가 스트레스 반응을 자극하기 때문이다. 이런 생각을 해보자. 만약 여러분이 잠에서 깬 순간부터 우리가 온종일 따라다니면서 당신은 지금 회피하고 있다고 비판하고, 불안해한다고 나무라고, 자신의 기분을 느끼지 않고 행복해하지 않는다고 지적하고, 여러분 자신이나 주변 사람들을 대하는 느낌이 예전과 달라졌다고 상기시킨다면, 여러분은 어마어마하게 스트레스를 받을 것이다. 불안이 여러분을 덮쳐버렸고 지금

@aprilhillwriting

의 여러분은 여러분답지 못하다고 끊임없이 상기시키는 그 말들이 얼마나 큰 감정적 영향을 미치겠는가. 그런데 여러분이 스스로에게 그렇게 말한다면 그 영향이 어떨지를 상상해 보자. 그 비판적 목소리는 낯선 우리 두 사람에게서 나온 소리가 아니라 여러분 마음에서 나온 소리다. 관점이 중요한 이유는 바로 이런 점 때문이다.

불안을 이진법이 아닌 스펙트럼으로 보라

조시는 상담을 할 때면 항상 내담자들에게 현재의 불안 수준을 1에서 10까지의 숫자로 평가하게끔 한다. 바로 그 순간 그들이 느끼는 불안 수준을 측정하게 하는 것이다. 이 과정이 중요한데, 불안은 언제나 서로 다른 수준에서 자신을 드러내기 때문이다. 여러분은 초조해서 편안함을 느낄 수 없는 수준의 낮은 불안을 경험하고 있을 수도 있고, 또는 공황에 빠져 높은 불안 수치를 보일 수도 있다. 여러분이 느끼는 불안이 어느 정도든 다 괜찮다.

불안을 느끼는 사람 중에는 자신에게 벌어지고 있는 일을 더욱 정밀한 관점에서 고려하지 않은 채 불안이 "여기 있다" 또는 "여기 없다"는 식의, 아무 도움도 되지 않는 사고의 함정에 빠진 이들이 너무도 많다. 우리는 살면서 낮은 수준의 불안을 느낄 때도 있고, 매우 심한 불안을 느낄 때도 있다. 일단 불안이 일정하게 유지되는 경우는 결코 없다는 사실을 알아두면 매우 유익하다. 그리고 그것은 회복에도 정말 도움이 된다. 그리고 불안이 있느냐 없느냐에 따라 회복을 판단하기보다는 불안을 더 작은 측정 단위로 쪼개는 것이 좋다. 예를 들어 여러분이 쇼핑몰에 들어갈 때의 불안 수치가 9였다면, 나올 때의 불안 수치는 5라고 해보자. 이것은 탁월한 노출 연습으로 회복에 많은 도움이 된다. 그리고 말할 것도 없이 여러분이 불안 수준을 멋지게 낮추었다는 뜻이기도 하다! 하지만 자기 비판적인 사람은 이것을 실패로 여길 것이며, 그러면 우리는 매우 가슴이 아플 것이다.

여러분 자신의 불안 수준을 제대로 알아가는 습관을 들이자. 여러분이 느끼는 불안 수준이 크게 낮아졌거나 공황을 일으킬 만큼 높아졌음을 알아차릴 수 있다면, 그것은 훌륭한 마음챙김mindfulness 관찰이 된다.

@aprilhillwriting

이런 식으로 불안을 측정하면, 노출을 연습할 때나 불안한 상태에서 무언가를 하려고 할 때 감정과 거리를 둘 수 있다. 어쨌거나 불안감을 느낀다 해도 무언가를 회피할 필요가 없다는 얘기다. 위협 대응이 시작될지라도 여러분은 무엇이든 너끈히 할 수 있다. 어떤 활동을 할 수 있고 시작할 때보다 덜 불안한 마음으로 그 일을 끝낼 수 있다면, 여러분이 이긴 것이다!

인지 재구성

이렇게 해서 우리는 당당하게 **인지 재구성**으로 넘어간다. 인지 재구성은 우리가 애초의 어떤 믿음을 가지고 여전히 그것을 믿되 더욱 긍정적인 방식으로 바꾸는 것을 뜻한다. 예를 들어 이런 생각을 하는 사람이 있다고 해보자. "근무 중에 공황발작이 일어나는 건 정말 싫어." 그 생각을 더욱 긍정적인 방식으로 재구성할 수 있다. "근무는 내가 불안을 연습할 수 있는 또 하나의 기회일 거야."

다음의 표는 인지 재구성의 몇 가지 예인데, 여러분도 각자 나름대로 인지 재구성을 시도해보면 어떨까?

인지 재구성은 노출의 중요성을 생각할 때는 특히 중요하다. 하지만 더 구체적으로 말하자면 **의도적 용인**을 생각할 때

원래 생각	인지 재구성
온갖 것들을 너무 많이 생각하는 건 이제 지겨워. 어차피 달라지는 것도 없는걸.	난 머리가 매우 지능적이고 분석적이기 때문에 가끔 불안의 고리에 갇히는 거야.
지난번에 쇼핑몰에 갔을 때는 불안감이 전혀 사라지지 않았어!	난 용감하게 쇼핑몰에 갔고 불안감을 느끼면서도 모든 걸 해냈어.
난 항상 나 자신을 불안하게 만들고 있어.	지금 내 불안 반응이 나의 관심을 붙들고 있나 보군.
혹시라도 파티에 갔다가 두려워져서 나와야 한다면 어떡하지?	파티는 불안을 견디는 연습을 할 완벽한 기회야.
지금 난 이성을 잃고 있고 자제력도 잃어가고 있어!	난 지금 나약한 상태인데, '이성을 잃거나 자제력을 잃으면 어쩌지?' 하는 걱정을 하고 있네.
지금의 난 사람들에게 짐이 될 뿐이야.	누구나 살면서 힘든 시기가 있는데, 내게는 지금이 그런 시기야.

친절한 불안 상담소

더 중요하다. 의도적 용인이란 우리가 왜 그것을 하고 있는지 의식한 채 기꺼이 어떤 상황에 들어가서 불안감을 느낄 때를 말한다.

의도적 용인

불안과 싸우려 노력하는 사람 중 다수는 이런 경험을 한다. 자신을 두렵게 만드는 상황을 용감하게 견뎌냈는데도 다음 번 그 상황에 접근할 때 또 두려움을 느끼는 것이다. 예를 들어 집에서 너무 멀리 나가는 것을 두려워하는 사람이 멀리 가기를 시도했는데, 집에 돌아왔을 때 안도감을 느꼈다고 해 보자. 그 사람은 나들이를 **용인**하는 데는 성공했지만, 어쩌면 회복의 주요 요소인 기꺼이 하기를 놓치고 있는 것인지도 모른다.

우리가 두려운 상황에 의도적으로 접근할 때, 이 행동은 미래 상황에 대비한 불안 반응과 함께 불안 유발 자극을 둘러싼 우리의 기본적 행위와 습관을 능동적으로 재배선하도록 두뇌를 준비시킨다. 다시 말해 현실에는 어떤 위험도 존재하지 않으며 우리는 다만 상당히 큰 불편을 경험하고 있을 뿐임을 아는 상태에서 상황에 접근해야 한다. 이는 "다음에는 정말 불안하지 않았으면 좋겠어" 하는 생각 따위는 버려야 한다는 뜻이다. 대신에 이렇게 생각을 바꿔야 한다. "그래, 다음번에 불안해진다고 해도 내 뇌에 안전하다는 신호를 보낼 수 있도록, 불안을 받아들이는 연습을 할 완벽한 기회야."

여기서 되새겨야 할 중요한 점이 있다. 우리 두뇌는 실제로 불안 반응을 끄고 싶어 하며, 또 기꺼이 불안 반응을 끈다는 것이다. 단 아무런 위험이 존재하지 않는다는 것을 **보여줄** 때만 그렇게 할 것이다. 결국 의도적 용인은 뇌에 이런 신호를 보내는 것과 같다. **"이봐, 두려운 감각과 혹시나 하는 걱정으로 가득 차 불안에 떨고 있는 뇌야. 넌 내가 피하기를 원하지. 그리고 피하라고 나를 설득하기 위해 온갖 두려운 시나리오와 신체 감각을 던져주겠지. 하지만 어쨌거나 난 그냥 그걸 할 거야. 두고 보라고!"**

상황을 견딜 때는 이를 악물고 억지로 버티지 말아야 한다. 의도적 용인과는 반대되기 때문이다. 다음의 예들은 억지로 버티기에 해당한다.

- 시계를 보고 자리에서 빠져나갈 수 있을 때까지 남은 시간을 잰다.
- 주의를 돌리려고 미친 듯 애쓰고 생각을 떨쳐버리려 노력한다.
- 상황을 견디기 위해 술에 취한다.
- 어떤 행사 전이나 도중에 온갖 탈출 방법을 알아본다.

- 상황을 헤쳐가기 위해 다른 사람에게 의존한다.
- 휴대전화 같은 감정적 의지가지에 지나치게 의존한다.

억지로 버티는 행동은 상황이 안전하지 않다고, 또는 정신을 바짝 차리고 계속 관찰해야만 안전하다는 잘못된 메시지를 편도체에 전달한다. 그렇게 되면 우리를 불안하게 하는 상황 속에서는 계속 과잉 각성 상태를 유지해야 한다는 생각만 더욱 굳어진다.

의도적 용인을 **연습**할 때는 꼭 자기 연민이 필요하다는 점을 잊어서는 **안 된다.** 우리가 **연습**이라는 말을 쓰는 이유는 여러분이 당장에 이것을 아주 완벽하게 해내리라고는 기대하지 않기 때문이다. 뭐가 됐든 불안을 느끼는 상황이 지나갔다면 부디 여러분의 행동에서 긍정적인 면들을 추려내면서 차근차근 연습량을 쌓아가기를 바란다. 부정적인 면을 확대하고 증폭하는 것은 아무 소용이 없다.

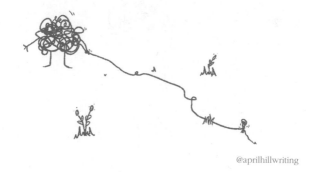

@aprilhillwriting

어린 시절에 배운 내면의 대화

우리가 불안을 바라보는 방식의 많은 부분은 어릴 때 배웠던 믿음의 영향을 받는다.

　예를 들어 내가 어릴 때 돌아가신 할머니의 장례식에서 울다가 삼촌한테 마음을 의지하려고 했는데, 삼촌이 이렇게 반응했다고 해보자. "울지 마! 할머니를 위해서 씩씩하게 굴어야지." 그러면 이 아이는 그 말을 어떻게 해석할까? 아이는 울면 안 된다고, 울음은 나쁜 행동 또는 잘못된 행동이라고 이해하고 또 그렇게 **믿게** 될 것이다. 아마도 아이는 부모에게도 상처받기 쉬울 것이고 비판과 무시의 말을 들을 것이다. 이렇게 되면 화가 나서 삐지는 것도 좋지 않다고 생각하게 될 것이다. 아이는 감정을 가지거나 표현하는 것은 용납되

@aprilhillwriting

지 않는 일이라고 **믿게** 될 수도 있다. 이런 것들이 내면의 대화에 영향을 준다.

우리는 어린 시절 동안 이런 내면의 대화를 배운다. 주변 사람들의 말과 행동에서 의미를 끌어내고, 그러면서 점점 자신에 대한 믿음을 흡수한다. 다음의 몇 가지 예를 살펴보자.

만약 어떤 아이가 아빠한테 다가가서 기분이 좋지 않다고 말했는데, 아빠가 "마음을 다스려야지" 하고 냉정하게 반응한다면, 아이는 자신이 나약하다고 믿을지도 모른다. 어쩌면 이 아이가 엄마한테 가서 마음이 불안하다고 설명한다면, 엄마는 돌아보며 이렇게 말할 수도 있을 것이다. "불안하다고? 엄마는, 엄마 기분은 어떨 것 같니?" 이 아이는 불안한 것이 괜찮지 않다고 믿게 될 것이다. 다른 사람들의 감정이 아이 자신의 감정보다 더 중요해지는 것이다.

마찬가지로 내면의 대화에 미치는 이런 영향은 학교에서 괴롭힘을 당하는 경험에서도 찾아볼 수 있다. 괴롭힘이 한 아이한테 어떤 영향을 미칠지 상상해보자. 괴롭힘을 당한 아이는 자신이 착하지 않으며 한심하고 존중받을 가치가 없다는 믿음을 흡수하게 될 것이다.

이런 믿음들은 행동이나 비행동, 내뱉은 말이나 내뱉지 않은 말에서 비롯될 수 있다. 이 모든 것은 그런 행동이나 말에서 우리가 무엇을 **추론**하느냐와 관련이 있다. "사랑해"라는 말을 들은 경험이 없다면 아이는 마치 "우린 널 원하지 않아"

라는 말을 들었던 것과 비슷한 믿음을 흡수할 수도 있다. 위의 두 시나리오 어느 쪽이든 아이는 자신이 사랑받지 못하고 있으며 사랑받을 가치가 없다고 추론할 것이기 때문이다. 또 다른 예를 들어보자. 한 아이가 학교를 마치고 집에 왔지만, 부모는 학교에서 어떻게 지냈는지 묻지 않는다. 아이는 부모의 태도를 보고 이렇게 **추론**하고 **해석**할지 모른다. "난 주목받을 만큼 충분히 소중한 존재가 아니구나."

우리가 어릴 때 했던 내면의 대화를 돌이켜보고 지금의 우리에게 그것이 어떻게 적용되는지 생각해보면 좋을 것이다. 많은 사람이 이렇게 말한다. "그건 오래전 일이에요." 하지만 우리는 그 시기, 다시 말해 우리의 두뇌가 형성되던 그 시기에 만들어진 믿음에 따라 살아간다. 말하기 치료를 통해 우리 내면의 대화를 이야기하는 것이 유익한 이유도 바로 그 때문이다. 우리가 스스로에게 이런 방식으로 말하는 법을 어디서 배웠는지 이해하려고 노력해보자. 아마 자신에게 이런 질문을 해볼 수 있을 것이다.

- 나는 무엇을 흡수하고 있는가?
- 나는 불안에 관해 어떤 것을 흡수하고 있는가?
- 나는 어떤 편견을 가지고 있을까?
- 내가 불안에 관해 편견을 가진 것은 아닐까?
- 불안이 나를 나약하게 만든다고 생각하는가?
- 나는 나의 불안이 부끄러운가?

여러분이 불안을 느끼고 그런 감정과 관련해 자신을 비판하게 될 때는 스스로 물어볼 가치가 있다. 내가 이것을 어디서 배웠을까? 나는 이런 태도를 나의 불안 극복에 적용하고 싶은가?

사람은 누구나 각자의 방식으로 불안을 경험하며, 불안에 면역을 가진 사람은 없다. 그렇게 보이는 일부 사람도 불안을 아주 능숙하게 감출 뿐이다. 불안은 나약함이 아니며 부끄럽게 여길 일도 아니다. 자기 연민을 배우는 것이야말로 지속적인 회복에 반드시 필요하다.

우리의 경험담

조시 딘은 불안에서 회복할 때 자신에게 친절하게 대하는 것이 얼마나 중요하게 작용했나요?

딘 굉장히 중요했죠. 왜냐하면 우리에게는 어릴 때부터 우리가 차곡차곡 만들어온 내면의 비평가가 있잖아요. 어른이 되면 만화 속 영웅처럼 될 줄 알았는데, 그렇게 될 수 없다는 말을 들었던 때부터 자라온 내면의 비평가 말이에요. 그 비평가, 만약 이런저런 일이 생기면 어떻게 될까 하는 걱정을 늘 안겨주고, 너는 불안 반응에서 헤어나지 못할 거라고 끊임없이 말하는 그 목소리는 사실 우리의 일부예요. 결국 그 서사를 바꿔야 한다는 게 어쩌면 가장 불편한 일 중 하나일 거예요. 그러기 위해서는 그 내면의 비평가에게 반기를 들어야 하지 않겠어요?

여기서 기억해야 할 건 마음이 귀를 기울이면 몸이 반응한다는 거예요. 그래서 우리가 부정적인 무언가를 생각하면 마음은 계속 그걸 부채질하고, 그러면 몸도 부정적인 방식으로 반응하게 되죠. 언젠가 나는 별것 아닌 그런 말을 되뇌며 앉아 있었는데, 문득 그 말이 얼마나 강력한지 깨달았어요. 그래서 그때부터 내가 버릇처럼 입에 올리던 그 말을 버리고 내면의 서사를 바꾸기 시작했죠.

조시 그게 정말 중요하다는 말이군요? 나한테 크게 도움이 됐던 건 불안을 1부터 10까지 정량화하는 거였어요. 그래서 노출 연습을 하거나 내 불안을 대강 측정할 때는 이런 식으로 생각하곤 했죠. "앗, 그게 켜졌네, 또는 꺼졌네. 내가 불안을 느끼네, 또는 아니네." 그런데 지금은 이렇게 해요. "나는 이곳에 와 있고 내 불안 수치는 4야. 하지만 2주 전에는 8이었지." 그러니 나는 지금 옳은 방향으로 가고 있다고, 그렇게 생각하는 거죠. 지금 당장 목표 지점에 갈 수 없다고 해서 좌절하지 않는 거예요. 좌절이야말로 가장 큰 장애물이거든요. 우리가 이 책에 인지 재구성을 포함한 것도 바로 그 때문이잖아요. 인지 재구성은 우리 생각을 긍정적인 방식으로 구성하기 위한 아주 막강한 도구니까요.

팁 그리고 조시가 말하는 자구적 노력이나 치료, 또는 회복을 위한 어떤 방법을 택하든 간에 불안에서 회복하고 싶은 사람들에게는 이걸 미리 일러두는 게 좋을 것 같아요. 처음부터 긍정적인 반응을 얻지는 못한다는 거요. 그리고 그 회복의 과정이 곧게 뻗은 직선은 아니라는 것도요. 누구든 좌절과 재발을 겪기 마련인데 바로 그 지점에서 자신을 너그럽게 대하는 태도가 정말 필요하죠. 지금 내가 있는 곳이 불안장애가 시작될 때 있었던 그 위치가 아니라는 점도 제대로 강조해야 하고요. 이제 심리교육도 받았고 불안 반응이 무언지도 알고 있고 그에 대한 긍정적 반응도 알았으니, 그게 본인에게 도움이 될 거고 앞으로 더 긍정적인 느낌을 가질 수 있다는 믿음도 있어야 하고요.

조시 그렇고말고요.

8장

불안발작을 다루는 법

불안발작이 일어나는 이유

이 책을 쓰려고 의논하던 중에 우리는 불안발작을 다루는 아주 근사한 방법들에 관해 이야기를 나누었다. 이번 장에서는 그것들을 여러분과 공유하려 한다.

불안발작, 즉 공황발작은 스트레스 또는 외적 스트레스 요인에 대한 반응으로 아드레날린이 홍수처럼 밀려들 때 일어난다. 여기서 중요한 것은 실제로 우리를 공격하는 것은 없는데도, 무슨 이유에서인지 그 증상에 약간은 과장된 이름이 붙었다는 것이다. 사실 많은 양의 아드레날린은 불편하고 압도적으로 느껴질 수 있다. 여러분이 평소 느끼는 불안과 불안발작의 차이는, 공포로 유발된 아드레날린의 분출을 경험할 때 이것이 예기치 않게 허를 찔러 우리를 **혼란스럽게** 만들고, 따라서 우리는 이것을 실제보다 더 큰 어떤 것으로 **잘못 해석**하게 된다는 것이다. 불안발작은 느닷없이 쏟아진 무해한 아드레날린의 더미를 둘러싸고 벌어질 수 있는 혼란과 잘못된 해석 때문에 일어난다.

이때의 공포 반응은 강렬해지고 압도적으로 느껴지기 때

문에 상당수가 이래저래 통제력을 상실하고 있다고 느끼기 시작한다. 하지만 두려워할 이유가 없다. 단지 아드레날린 때문에 통제력을 잃는 일은 있을 수 없으니까! 그러나 마음은 우리가 따라잡을 수 없을 만큼 빠르게 치닫기 시작하고, 꼬리에 꼬리를 물고 밀려오는 생각, '만약 그런 일이 생긴다면?' 하는 수많은 생각이 이내 우리를 휩쓸어버린다.

- 만약 내가 정신을 잃으면 어쩌지?
- 혹시라도 심장마비를 일으키면 어쩌지?

- 만약 통제력을 잃으면 어떡하지?
- 혹시 이게 불안보다 더 심각한 어떤 것이라면?
- 만약 이게 진단이 확정되지 않은 신체적 문제라거나 정신적 문제라면?

이제 설상가상으로 우리는 아드레날린과 코르티솔이 만드는 것으로 보이는 온갖 신체 감각을 경험하게 된다. 불안발작과 관련된 신체 증상들은 매우 많지만, 가장 흔한 것들은 다음과 같다.

- 비현실감 또는 그런 상태
- 가슴 두근거림 또는 빠른 심장박동
- 숨 가쁨
- 메스꺼움
- 어지럼증
- 특히 가슴, 턱, 어깨 부위의 근육 긴장
- 땀과 홍조

실제로 불안발작은 서로 다른 세 가지 요소, 즉 여러분의 **감정·생각·감각**이 빚어낸 혼합물이다. 흥미롭게도 불안발작은 매번 서로 다른 방식으로 일어날 수 있다. 어떤 때는 심장박동이 빨라질 것이며, 어떤 때는 비현실감을 경험하지 않을 것이며, 또 어떤 때는 얼굴이 붉어짐을 느끼고 속이 메스꺼울 뿐 다른 증상은 나타나지 않을 수도 있다. 그러나 불안발작 중에 항상 도사리고 있는 것은 **두려움**이다.

공황발작이 아니라 아드레날린 쇄도

앞에서 인지 재구성에 관해 이야기했지만, 우리가 추천하는 가장 좋은 인지 재구성 방법은 '공황발작' 또는 '불안발작'이라는 용어를 '아드레날린 쇄도' 또는 '아드레날린 홍수'로 바꾸는 것이다. 이렇게 바꾸면 듣기에 덜 무서울 뿐 아니라 의미상으로도 더 정확하다. 다시 떠올려보면 휘몰아치는 생각, 이상한 감각, 그리고 무엇보다 두려움과 죽음의 느낌 등 불안발작의 세 요소는 주로 아드레날린 때문이다.

"저기, 괜찮아요?"

"네, 괜찮아요. 지금은 아드레날린 쇄도 때문에 불편한 것뿐이에요. 생각이 휘몰아치고, 심장은 빠르게 뛰고, 위장 기능도 100퍼센트가 아니고 좀 무력한 느낌이지만, 이건 그냥 아드레날린 때문이니 곧 지나갈 거예요. 그러니 우리 하던 일 마저 계속하죠."

회복은
그 감정들을 사라지게
만드는 것이 아니다.
회복은
그것들을 새로운 방식으로
다루는 방법을 배우는 것이다.

@henribipolar

신경지

우리 자신에게 힘을 부여하고 자신감을 키워서 불안의 의도적 용인을 연습하기 위해서는 심리교육이 매우 중요한 몫을 한다. 불안 반응과 관련해 불수의신경계, 그리고 그것이 우리의 불안과 어떤 관련이 있는지를 배우면 정말 유용하다.

불수의신경계는 우리 몸 곳곳을 흐르는 신경계의 일부로 생명 유지에 필요한 모든 기관과 연결되어 있다. 불수의신경계는 앞으로 나서는 법 없이 묵묵히 있으면서 신체 기능이 원활하게 작동되도록 해주며, 호흡과 심장박동, 혈압과 혈당 조절 등등을 책임진다. 불안증이 있어서 우리에게 상담하러 온 사람들은 호흡이 힘들고 숨을 제대로 쉴 수 없을 때면 종종 겁을 먹게 된다고 말한다. 그러나 우리는 호흡을 책임지는 것은 사실상 우리 의지가 아니며 우리가 애쓴다고 해도 호흡을 멈출 수는 없다고 안심시킨다. 궁극적으로는 불수의신경계가 우리 몸의 균형을 유지하는 역할을 하고, 실제로 그 일을 기막히게 잘 해낸다.

바로 여기서 불수의신경계가 불안에 큰 역할을 한다. 이를 더 잘 이해하기 위해 먼저 불수의신경계의 두 부분인 **교감신경계**와 **부교감신경계**에 관해 알아보자.

교감신경계

교감신경계는 신경계에서 **투쟁-도피 또는 경직** 반응에 관여하는 부분이다. 그리고 편도체의 명령을 받을 수 있는 부분이며, 두려움과 아드레날린을 활성화하는 역할을 한다. 또한 교감신경계는 위험에 대해 지나치게 각성하고 '경계'하도록 코르티솔을 분비하는 과정에 관여함으로써 우리를 '초조한' 상태로 만든다. 우리는 스트레스를 받게 되면, 예를 들어 직장에서 받는 스트레스든 이별이나 슬픔, 사회 걱정이나 기타 어떤 요인으로 촉발된 스트레스든, 우리에게 스트레스를 주는 사건에서 벗어나기 위해 교감신경계를 가동한다. 여기에는 아무 문제가 없다. 하지만 기본적으로 스트레스가 지나치면, 다시 말해 교감신경계가 지나치게 활성화하면 두뇌는 혼란에 빠진 나머지 우리가 위험에 처했다고 판단할 수 있다. 편도체는 실제의 위협과 스트레스로 인한 '위협'을 구분하지 못하고, 따라서 우리가 위험에 처할 때를 대비해 아드레날린을 추가로 분비한다. 많은 불안장애는 바로 이렇게 시작된다.

부교감신경계

부교감신경계는 불수의신경계의 또 다른 부분으로 휴식, 이완, 소화를 담당한다. 이 신경계는 우리가 쉬거나 사람들과 어울릴 때, 마음챙김 명상을 할 때, 매력적인 어떤 것에 정신을 팔 때, 잠을 자거나 웃을 때 활성화된다. 부교감신경계는 기본적으로 우리 신경계에서 '즐거운' 부분이지만, 한편으로 많은 사람에게는 아드레날린 쇄도 역시 재미있을 수 있다.

여기서 불수의신경계가 **균형**을 필요로 한다는 점을 기억하는 것이 중요하다. 그리고 불안발작은 교감신경계가 과로해서 지쳤기 때문에 일어난다는 사실을 인정하는 것이 도움이 된다. 혹사당해 지친 교감신경계는 매우 과민해져서 아주 작은 위험이나 고통, 충격의 낌새만 보여도 아드레날린 더미를 방출한다. 불안증이 있는 사람은 모두 신경계가 과민하다.

그렇더라도 불안발작이 일어나는 동안에는 '이완' 노력을 너무 강조하지 않도록 하자. 그것은 거의 불가능에 가깝다. 우리는 신경계에 관해 아는 것이 매우 도움이 된다고 생각하는데, 신경계를 알면 우리가 **왜** 공황발작을 겪고 있는지를 둘러싼 모든 수수께끼가 풀리기 때문이다.

"이크, 지금 아드레날린 쇄도가 느껴지네. 내가 요즘 스트레스를 많이 받았나 봐. 그리고 불안에 대한 공포가 아직 조금은 남아 있는 것 같아. 뭐, 괜찮아. 이건 그냥 아드레날린에 불과하잖아. 그리고 이 모든 감정과 감각은 지나갈 거야. 그것이 지나가면 잊지 말고 부교감신경계를 활성화해서 내 몸의 균형을 되찾아야겠어."

저항하고 고치려 하지 마라

불안발작이 시작됨을 느낄 때 여러분이 저지르는 가장 큰 실수는 그것에 저항하고 싸우는 것이다. 불안발작에 저항한다는 것은 그것을 차단하고, 주의를 딴 곳으로 돌리려 애쓰고, 명상을 하거나 당장 마음을 안심시키기 위해 최선을 다한다는 뜻이다. 그러나 그렇게 애쓴다면, 궁극적으로는 불안 반응 자체가 우리가 두려워하고 싸워야 할 것이라는 신호를 편도체에 전달하는 것과 같다. 결국 헷갈린 편도체는 우리가 위협을 받으니 도와줘야겠다고 생각하고는 우리가 피하려고 애쓰는 아드레날린과 코르티솔을 **더 많이** 분비한다!

무엇보다 먼저 해야 할 일은 그냥 그것이 위협 대응이라는 사실을 인정하는 것이다. 지금 교감신경계가 스트레스를 받았고, 내가 괜찮지 않을 경우를 대비해 편도체가 아드레날린을 약간 분비했을 뿐이다. 물론 우리는 불안발작이 우리를 해칠 수 없다는 것을 잘 알고 있지만, 편도체는 개의치 않고 만약에 대비해 여분의 연료와 에너지를 제공할 것이다. 그러나 앞에서도 말했듯, 이것은 항상 지나간다. 아드레날린은 항상 지나간다.

아드레날린으로 인한 이런 감각에 저항하고 싸운다는 것은 한마디로 터무니없다. 그것은 저절로 지나갈 것이며 여러분을 해칠 수도 없다. 휘몰아치는 생각들, "만약 ……하면 어쩌지?" 하는 생각들은 여러분이 두려워할 만한 잠재적인 이유를 제시하는 불안한 마음일 뿐이다. 불안의 3대 요소, 즉 불안한 감정·생각·감각은 자연스럽고 안전하며 여러분을 해칠 수 없다는 점만 기억하자. 중요한 사실은 그것들에는 '고치'거나 '해결'할 문제가 없다는 점이다. 물론 불안에 대해 도움을 구하고 이야기하는 것은 언제나 좋은 일이지만, 불안발작을 해결하려고 애쓴다면 그 사이클을 더 키울 뿐이다. 그것은 편도체에 "이건 진짜 문제야. 망가졌으니 해결해야겠어"라는 신호를 보내는 것과 같다. 그리고 불행히도 편도체 또한 그런 노력을 위험으로 해석한다.

요약하자면, 불안할 때는 원래 하고 있던 일을 멈추지 않도록 하자. 만약 하던 일을 멈추고, 행동을 바꾸고, 회피하고 물러선다면, 우리는 그저 똑같은 걱정의 사이클을 재연하게 될 것이다. 그 대신 불안발작을 재구성해서 우리가 불안을 '연습'하고 의도적 용인을 연습할 시간이라고 생각해보자. 만약 여러분이 아드레날린 더미에 치이고 있다면 우리는 이상하면서도 근사한 제안을 하고 싶다. 여러분은 아무것도 할 필요가 없다! 조시는 자기 상담실에 이런 마법의 규칙을 써놓은 플래카드를 걸고 싶어 한다. **"불안하지 않을 때처럼 할 일을 하라."**

두렵고, 불편하고, 의심스러운 느낌을 불러일으키는 불안의 세 요소(감정·생각·감각)에 우리가 **일체** 반응하지 않고 원래 하던 일을 계속하는 것은 편도체(반응의 전도체)에 다음과 같은 아주 강력한 메시지를 보내는 것과 같다.

"가능한 한 빨리. 그리고 앞으로도 네가 이 반응을 꺼주면 좋겠어. 지금은 그게 필요하지 않거든. 그게 필요 없다는 걸 내가 보여줄게. 난 이제 이 반응이 두렵지 않고 그게 있더라도 내 삶을 계속 살아갈 수 있다는 걸 보여줄 거야. 이건 아드레날린일 뿐이잖아. 내가 알아. 이건 아드레날린에 지나지 않아."

오늘은
정말
아무 일도 없었어.
하지만
불안은 너무나
강렬했지.

@henribipolar

　몇 가지 비법과 요령은 다음에 또 소개하겠지만, 크게 보아 중요한 핵심 사항은 여러분이 정말 아무것도 하지 않아도 된다는 것이다! 무얼 하려고 하지 말고 현재에 충실하라! 우리 두 사람 모두 불안증을 회복할 수 있었던 이유는 불안이 일어났을 때 그것에 반응하지 **않을** 수 있을 만큼 충분한 지식과 자신감을 쌓았기 때문이다. 반응하지 않으면 않을수록 우리의 자신감은 더 커졌고, 자극에 반응해 다량의 아드레날린 분비를 요구하지 않도록 편도체를 설득하는 우리의 힘도 그만큼 더 강해졌다. 우리가 개인적으로 도움받은 비법 몇 가지는 다음 장에 소개하겠다.

몸이 스스로 조절하게 하라

조시의 사무실. 조시의 맞은편에는 불안발작(또는 우리가 바꾼 용어로는 '아드레날린 쇄도')을 경험하는 내담자가 앉아 있다. 내담자는 격려의 말을 기대하며 치료사를 바라보지만, 조시는 그저 무심하게 어깨를 으쓱할 뿐이다. 확실히 그 행동은 내담자가 기대한 반응이 아니지만, 조시의 행동을 잔인하다 할 수는 없다. 그가 그러는 데는 다 타당한 이유가 있다.

> "상담실에서 누군가 불안발작을 일으킬 때 나는 사실상 아무것도 제안하지 않아요. 불안에 반응하는 건 그것이 위험하다고 암시할 뿐이니까요."(조시)

이것은 정말 중요하다. 이제 우리가 말하려는 것처럼, 여러분의 몸은 공황발작 이후에 여러분을 균형 상태로 되돌리는 엄청난 일을 하기 때문이다. 그런데 사람들은 마치 공황발작 **자체**가 해결해야 할 대상인 것처럼 **반응한다.** 그러나 공황발작은 오랜 시간 쌓인 스트레스의 결과로 일어나며, 이 사실을 안다면 우리가 할 수 있는 최선의 행동은 **아무것도 하지 않기**임을 이해할 수 있다. 아무것도 하지 않기라니, 그것은 완전히 직관에 반하는 것 같고, 속이 뒤틀릴 듯 메스껍고 가슴이 조여오는 증상에 놀라서 '너 자신을 구하라'고 말하는 여러분 몸 안의 모든 감정에 위배되는 것만 같다. 그러나 여기서 중요한 사실이 있다. 여러분이 가능한 한 반응하지 않는 것을 본 편도체는 공황 자체는 두려워할 것이 아니라고 깨닫는다는 점이다. 공황발작을 겪고도 다시 그전처럼 일을 할 수 있는 사람이 있는 반면, 공황발작을 너무 두려워해서 하루를 계속 살아가지 못하는 사람이 있는 것도 다 그런 이유 때문이다. 우리는 이 점을 잊고 있다. 사실상 눈앞에 닥친 위험이 없을 때 일어나는 위협 대응에 반응하지 않는 것은 스위치를 끄라고 말하는 것과 같다.

내담자가 공황에 빠졌는데도 조시가 어깨를 으쓱하고 만 이유는 조시도 고객도 아무것도 할 필요가 없기 때문이다. 조시는 그런 내담자를 보고도 당황하는 법 없이 침착하다. 나쁜 일은 일어나지 않을 것이다. 그리고 보통 20분이 채 지나기 전에 내담자는 괜찮아진다. 조시도 내담자도, 그들이 두려워할 이유가 전혀 없다는 신호를 위협 대응에 보냈기 때문이다. 여러분이 할 수 있는 최선의 행동은 반응하지 않는 것이다. 그냥 아무것도 하지 마라!

우리가 얼마만큼 불안을 느끼는지는 중요하지 않다. 우리 몸은 항상 우리를 균형 상태로 되돌리는 놀라운 능력이 있다. 몸은 스스로 조절하기 때문에 여러분이 굳이 조절할 필요가 없다는 얘기다. 여러분이 공황발작에서 빠져나왔다면, 그것은 여러분이 "이런저런 기술을 활용해서" 또는 "운이 좋아서" 또는 "간신히 살아남아서"가 아니다. 여러분이 어디에 있든 무엇을 하고 있든 상관없이, 여러분을 안정시킨 것은 바로 여러분의 몸이다. 여러분의 몸은 항상 여러분을 진정시킬 방법을 찾을 것이며 여러분을 조화로운 상태로 되돌릴 것이다. 결국 아드레날린과 코르티솔은 모두 고갈될 것이고, 신경계가 개입해서 안정을 찾고 여러분을 정상으로 되돌릴 것이다. **자신을 안심시키기 위해 다음 사항을 잊지 말자. 여러분은 통제력을 잃을까 봐 두려워하지만, 바로 그 통제력의 부족이 균형을 되찾아준다.**

그렇더라도 불안발작이 일어나는 동안에 뭐라도 하고 싶어지는 것은 충분히 이해할 만한 일이다. 그냥 아무것도 하지 않는 게 최선이지만, 그럼에도 불안발작이 특히나 심하고 현재에 집중할 수 있도록 무언가를 해야 한다면, 도움이 될 만한 몇 가지 훈련이 있다.

다음은 불안발작을 용인하기 위한 보조수단일 뿐, 문제를 '고치기' 위한 도구로 이용해서는 안 된다는 점을 알아두자.

첫 번째 수단은 **접지 기법**grounding technique이다. 이는 심리치료사와 트라우마 치료사들이 내담자에게 권하는 아주 흔한 기술이다. 접지 기법은 다양하게 활용될 수 있지만, 우리가 권장하는 방법은 일단 하던 일을 멈춘 다음 잠시 시간을 갖고 눈에 **보이는** 것 다섯 가지, 귀에 **들리는** 소리 다섯 가지, 몸으로 **느껴지는** 것 다섯 가지를 최선을 다해 구별하는 것이다. 자, 여러분은 언제든 다섯 가지의 서로 다른 소리를 들을 수 있을 것이다. 여러분의 심장박동, 바람 소리, 이웃집에서 나는 소리, 마룻바닥이 삐걱대는 소리, 자동차가 지나가는 소리, 누군가의 음악 소리, 하늘의 새 소리, 심지어 샤워기의 물소리 등등 그게 뭐가 됐든 말이다. 몸으로 느껴지는 것을 구별해내는 문제라면 기온, 피부에 닿는 옷, 엉덩이 밑의 의자, 발을 감싼 양말, 맨발에 닿는 러그 등등이 있을 것이다.

일단 그렇게 다섯 가지를 구별해냈다면, 다음에는 네 가지를 해보고, 그다음에는 세 가지, 두 가지, 그리고 마지막에는 한 가지를 구별해내고 집중한다.

우리가 즐겨 쓰는 접지 기법 중 하나는 주위를 둘러보고 눈에 보이는 것을 말한 뒤, 서술 형용사 두 개를 활용해 선택한 대상을 묘사하는 것이다. 예를 들어 공원을 걸으면서 여러분이 보는 것을 말한다고 해보자. "나무 한 그루가 보이네." 그러나 우리는 이 기법을 쓸 때 서술 형용사 두 개를 찾아 이렇게 생각한다. "가지 많고 오래된 나무가 보이네." 다른 예를 들어보자. "자동차가 보인다"는 "녹슨 구형 자동차가 보인다"가 된다. 여기서 핵심은 사물의 세부에 초점을 맞추고 그것을 더욱 깊이 묘사하는 것인데, 이렇게 하면 우리가 현재를 단단히 딛고 서는 데 도움이 된다. 이 기법은 매우 비중 있게 주의시킬 가치가 있다. 실행하기가 정말 어렵기 때문이다. 이 기법은 쉽지 않으며 쉬워서도 안 된다! 그럼에도 여러분은 이 기법을 **어쨌든 시도**해볼 수는 있다. 왜냐하면 위협 대응은 여러분이 그것을 무시하고 있고, 여러분이 현재 무언가를 시도하고 있다고 등록해둘 테니까 말이다. 우리는 현재를 굳건히 딛고 서는 데 집중함으로써 위협 대응을 더 쉽게 무시할 수 있으며, 필요하지 않을 때는 그것을 끌 수 있을 것이다.

이제 두 번째 수단인 '호흡'으로 넘어가자. 호흡은 어쩌면 논쟁적으로 보이는 주제일 것이다. 전 세계의 많은 요가 지도자는 여러분에게 '호흡에 집중'하라고 가르친다. 그러나 호흡에 집중하는 것은 마음챙김을 비롯한 여러 가지를 연습하는 데는 굉장히 도움이 되기도 하지만, 불안발작 도중 호흡에 집중하는 것이 사실 도움이 되지 않는 사람도 많다. 오히려 원하는 것과는 정반대의 효과가 날 수도 있다! 현명하고 나이 많은 요가 지도자가 차분한 목소리로 자신의 안내를 따르고 '호흡에 집중'해야 한다고 강조한다면, 불안에 시달리는 사람은 어쩌면 그에게 소리 지르고 싶은 충동을 느낄지도 모른다.

"싫어요! 난 공황장애가 있다고요. 내가 왜 내 호흡에 집중해야 하죠? 내 호흡이 얼마나 끔찍한지 이미 잘 알고 있는데, 호흡에 집중하는 건 나를 더 큰 공황 속으로 몰아넣을 뿐이라고요! 그래서 싫어요. 천만에, 난 내 호흡에 집중하지 않을 거예요!"

문제의 진실은 누군가에게 공황발작 중에 호흡에 집중하라고 하는 것이 적절한 조언으로 여겨지지만, 십중팔구 오히려 문제를 악화시킬 수도 있다는 것이다. 말이 나온 김에, 호흡에 집중하는 것이 여러분의 두려움을 더하지만 않는다면 시도해볼 수 있는 호흡 기법이 하나 있다. 방법은 매우 단순하다. 한 손을 배에 얹고 호흡을 들이마실 때마다 배를 밀어내는 것이다. 사실 이것이 우리가 원래 호흡해야 하는 방식이다. 아기가 잘 때 가만히 보면 배가 오르락내리락한다. 숨이 아기의 뱃속으로 들어가기 때문이다. 아기는 숨을 쉴 때마다 작고 둥근 배가 오르락내리락하도록 복식호흡을 한다. 그러나 사회적으로 조건화된 우리는 가슴으로 숨을 쉬는 흉식호흡을 한다. 납작하고 빨래판 같은 배가 아닌 둥그런 배를 내밀고 걸어다니는 것은 '사회적으로 용납할 만하다'고 여겨지지 않기 때문이다. 그래서 자연이 의도한 방식대로 숨 쉬는 것을 좋아하지 않는다. 자연의 의도는 내장이 마음껏 놀게 하는 것일 텐데, 분명 사람들은 그런 모습을 달가워하지는 않을 것이기 때문이다.

만약 여러분이 복식호흡을 연습하기로 결심했다면, 얼마만큼 연습해야 한다고 정해진 시간은 없다. 다만 '들숨'보다는 '날숨'을 1초 정도 더 길게 하자. 이렇게 하면 이산화탄소를 더 많이 내뿜고 산소를 더 적게 마시게 되어 모든 것이 균형을 되찾게 된다. 계속 연습하다 보면, 복식호흡은 차분함을 유지하고 통제력을 갖게 해주는 부교감신경계(우리의 휴식과 소화 반응을 담당하는)를 점차 자극하게 될 것이다. 한 가지만 분명히 하자. 깊은 복식호흡을 세 번쯤 하고 불안이 사라졌는지 확인하는 일은 없도록 하자. 그 정도로는 효과가 나타나지 않는다! 복식호흡은 시간이 지나야만 그런 반응을 유도할 수 있는 연습이며, 그것은 '해결책'이 아니라 여러분이 불안발작을 견디도록 도와줄 도구에 지나지 않는다.

궁극적으로 이것은 여러분의 몸이 제 할 일을 하리라는 믿음의 문제다. 몸은 언제나 스스로 조절할 것이다. 여러분이 어떤 공황 상태에 빠지든 결국 아드레날린은 고갈될 것이고 몸은 자연적 균형을 되찾는다. 여러분은 지금까지 말한 대처법을 시도해볼 수는 있겠지만, 여러분의 몸이 자기 할 일을 알고 있다고 믿어야 한다. 몸은 스스로를 어떻게 다룰지 알고 있고 어떻게 하면 평정 상태로 되돌릴지 다 알고 있다. 심지어 여러분이 통제력을 잃었다고 느낄 때조차 여러분의 몸은 온전히 스스로를 통제한다.

우리의 경험담

조시 여기서 내 개인적인 경험을 얘기하고 있는데, 공황발작이나 불안발작, 또는 우리가 쓰고 싶은 단어로 말하면 아드레날린 쇄도에 대해 내가 진정으로 자신감을 가지게 된 때가 떠오르네요. 그때 난 세 가지만 되뇌곤 했어요. 불안을 떨치기 위한 마법 주문이라기보다는 그냥 나를 안심시키기 위한 말이었죠. "이건 그냥 아드레날린일 뿐이고 이건 그냥 불안일 뿐이야. 곧 지나갈 거고 넌 견뎌낼 수 있어." 나 자신에게 말하는 건 언제나 효과가 있었어요. 물론 매번 그렇게 느낀 건 아니었지만요.

알다시피 불안의 주요 목적은 사람으로 하여금 의심하게 만드는 거잖아요. "그래, 마음을 걷잡을 수 없고, 심장은 마구 두근거리고. 지금 여기서 아무것도 느껴지지 않네. 마치 내가 멀리 떨어져 있는 느낌이야. 좋아. 그래. 분명 이건 아드레날린일 거야. 이건 내 불안 반응이 틀림없어. 뭐 어때, 해보는 거야!" 그러고는 이렇게 물어보는 거죠. "평소의 나는 지금 무엇을 하고 있을까?" 그리고 내가 하는 일에 전념하는 거예요. 내 편도체, 즉 내 불안한 뇌에 눈앞의 위험은 없다는 걸 알려줄 필요가 있고, 내가 그걸 보여줘야 하니까요. 처음에 그걸 해냈을 때는 나 자신이 정말 자랑스러웠죠. 그게 굉장히 힘들거든요. 그런데 갈수록 점점 쉬워졌어요.

공황발작에 대해서 딘은 뭐라고 조언하고 싶어요?

🔵 그게, 예전에 사무실에서 일어난 상황을 돌이켜보면, 그 상황에서 따로 시간을 내서 뭔가를 하지는 않았던 것 같아요. 심지어 공황발작이 한창 진행 중일 때도 말이에요. 그 무렵 슬픔에 잠겨 지내시는 아버지를 도와드리려고 휴가를 낸 적은 있어요. 하지만 직장으로 돌아가면, 난 여전히 공황장애의 한가운데 있었죠. 그래서 매일 아침 눈을 뜰 때부터 그 불안과 공황을 받아들이곤 했어요. "자아, 아홉 시간은 또 직장에서 보내야겠군. 불안이 오늘은 나한테 무엇을 안겨줄까?" 조시가 말한 것처럼 불안이 무엇인지 이름표를 붙이는 작업은 정말 중요해요. 아주 유용하고요.

처음 사무실에서 공황발작이 일어났을 때 내가 자

주 했던 건, 거의 항상 안전 행동을 하는 거였어요. 자리에서 일어나 화장실로 달려가서 마음을 가라앉히곤 했죠. 네, 맞아요. 처음엔 그게 도움이 되죠. 불안감을 줄이기 위한 호흡법 같은 걸 하니까요. 하지만 막상 내 자리로 돌아가면 그 결과로 불안 반응이 다시 일어나는 거예요. 내가 안전 행동을 취하면서 불안을 회피하고 있었기 때문이죠. 그렇잖아요? 난 상황을 회피하고 있었어요. 결국 나는 불안과 함께 있기로 했어요. 불안을 느끼며 앉아 있었죠. 불안이 우리한테 무엇을 던져줄지 우리는 알잖아요. 심지어 이번에는 지난번과 다를 거라는 확신을 심어준다는 것도 알고 있고요. 하지만 매번 그것이 사라진다는 것도 증거를 통해서 알고 있죠. 불안은 일시적이에요. 불안은 영원하지 않아요.

조지 아주 훌륭한데요. 하지만 내 경우를 떠올려보면 그건 일시적이지 않았어요. 영원하지도 않았고요. 뭐랄까, 어디 해보라고 덤볐다고나 할까요. 전혀 엉뚱하게 들리겠지만, 만약 화가 난다면 화를 유리하게 이용할 수 있잖아요. 불안을 향해 그 화를 돌리는 거죠. 실제로 그렇게 해봤는데, 그게 정말 도움이 됐어요. (웃음) 하지만 화를 내면 나쁜 평판을 얻게 된다며 "화를 내면 안 돼요"라고들 하겠죠. 내 말은 그게 아니라 화를 이용하라는 거예요. 노출을 위해 화를 이용하는 건 정말 유용할 수 있어요. 하지만 정말 큰 전환점은 누군가 이렇게 말해줬을 때였어요. "몸은 항상 스스로 조절한다. 몸은 스스로 조절하고 당신에게 균형을 되찾아주는 엄청난 능력이 있다." 그리고 몸을 믿는 거예요. 몸은 영리하거든요. 우리 몸은 이 불안이 지속되는 걸 원하지 않기 때문에 스스로 조절하려 하죠. 그 조언이 지금까지도 마음 깊이 남아 있어요.

딘 멋진 말이에요. 하지만 차이를 알아두는 게 좋을 것 같아요. 우리는 공황발작 또는 불안발작을 일으킬 수 있지만, 사람들이 하루 동안 경험할 수 있는 불안의 유형은 서로 달라요. 서서히 쌓이는 불안부터 완벽한 아드레날린 홍수가 되어 투쟁이나 도피, 경직의 상황을 불러오는 팽팽하게 부푼 불안까지 다양하죠.

9장

우리의 비법과 요령

불안을 측정하라

여러분의 불안을 저울질해보는 것이 얼마나 도움이 되는지는 이루 말할 수가 없다. 불안 수준을 측정하고 1부터 10까지 수치를 매기는 것은 여러 가지 이유에서 도움이 된다.

- 불안이 끊임없이 변하며 굴곡이 있다는 점을 이해하는 데 도움이 된다.

@missprincesia

- 특정 행동이나 공황 유발 자극과 관련해 불안의 소소한 증가 또는 감소를 이해할 수 있다.
- 불안을 **관찰**하게 도와주어 증상이 일어나기 전에 예상할 수 있게 해준다.
- 회복의 진전 정도를 알기 쉬워진다.

불안 극복에서 회복의 정도는 종종 단계로 측정한다. 우리가 불안을 측정하고 수치화하면, 특정 상황에서 불안감을 끌어내고 그 수치를 사실적 근거로 삼아 회복이 진전되었음을 알아볼 수 있고, 따라서 자기 의심이나 비판적인 생각을 물리치기가 쉬워진다. 예를 들어 "어떡해, 장 보러 갈 때마다 아직도 불안해" 하는 생각이 든다고 해보자. 불안을 저울질해서 수치를 매긴다면 그런 생각을 인지적으로 재구성할 수 있다. "지금 슈퍼마켓에 와 있는데 불안 수치가 평소와 같은 9나 10이 아니라 5야. 내 의도적 용인 능력치가 훨씬 좋아졌는걸."

또 다른 예를 살펴보자. "아침에 일어날 때의 불안 수치가 6이네. 전에는 9였는데. 그러니 지금까지 제대로 잘한 거야." 노출을 연습할 때도 불안 측정은 크게 도움이 될 수 있다. 불안을 유발하는 상황이 충분히 오래 지속될 때는 그 수치가 점점 떨어지기 시작하는 것을 알아차릴 수 있기 때문이다. 훌륭한 노출이란 불안과 함께 머물되 억지로 버티지 않고, 위안을 주는 물건에 의지하지 않는 것이다. 그러면 불안 수치가 서서히 낮아짐을 알아차리게 된다. 이것이 회복의 핵심 원칙이다.

그런데 다음번에는 불안이 이렇게 묻는다. "이게 영원히 지속된다면 어쩔 건데?" 또는 "지금 너의 이 모습이 영원하다면?" 그렇다면 그냥 여러분의 불안 수치를 말하라. "아니, 불안아. 사실 어제 방 정리할 때는 수치가 3이었거든. 그러니 이게 영원한 내 모습일 리는 없어. 이건 그냥 아드레날린일 뿐이야. 그리고 난 너에 대한 두려움을 극복해나가고 있어."

관찰을 중단하고 점수를 매겨라

한동안 불안과 함께 살아온 사람이라면 자신의 상태를 확인하고 불안의 징후를 찾아 자기 몸을 살펴보려는 강박증에 매우 익숙해질 것이다. 이렇게 되는 이유는 우리가 불안 자체와 불안이 만들어내는 불편함을 두려워하기 때문이다. 또한 우리는 외적인 '재난'이 일어나는 첫 징후를 면밀히 살피기도 한다. 아마도 아래의 생각 중에서 한두 가지는 여러분도 공감이 가리라.

- 내 불안감이 아직 남아 있나?
- 이게 공황발작의 첫 징후일까?

- 이 이상한 증상이 뭔가 불길한 건 아닐까? 계속 주시해야겠어.
- 사람들이 나한테 화가 난 걸까? 만일에 대비해 계속 주의하며 살펴봐야겠군.
- 계속 이런 걱정을 하다 보면 그 일이 일어날 때 난 대비되어 있을 거야.
- 이 문제를 곰곰 생각하다 보면 해결책을 찾을 수 있겠지.

이런 생각들은 종종 행동으로 옮겨진다. 아니, 좀 더 정확히 말해 '강박증'이 된다. 자꾸만 확인하려는 이런 충동과 습관은 편도체로 하여금 계속 경계하게끔 만든다. 다음을 꼭 기억하자.

우리가 불안에 대해 더 자주 점검하고 관찰할수록 불안은 더 오래 붙어 있고 싶어 한다. 자신을 점검하고 관찰하는 것

을 당장에 중단할 수는 없지만, 덜 점검하면 그만큼 덜 불안해진다.

자기 점검과 관찰을 줄이면 불안도 줄어든다(**스파이더맨 목소리**로 읽을 것). 이런 생각에서 조시가 착안한 게임이 있는데, 인지 재구성을 염두에 둔 것이기도 하다. 게임은 간단하다. 불안한지 아닌지 점검하는 자신을 발견할 때마다, 또는 관찰하고 깊이 생각하는 자신을 발견할 때마다, 점검이나 관찰을 하지 **않으면서** 보낸 시간을 분이나 초, 시간 단위로 세는 것이다. 점검하는 자기 모습에 좌절하고 스스로 탓하는 대신에, 곧바로 그것을 긍정적인 것으로 재구성하고, 자신에게 점수를 주는 것이다.

"그래, 방금 또 병의 징후를 확인하는 나를 발견했어. 하지만 4분 동안은 그걸 하지 않았잖아. 그래서 나한테 4점!"

이 게임은 매우 막강한 힘이 있으며, 불안 행동과 관련해서 말 그대로 두뇌를 재배선할 수 있는 좋은 방법이다. 그뿐 아니라 우리가 오랜 시간 차분히 있다가 갑자기 쏟아진 아드레날린 더미에 허를 찔릴 때도 적용할 수 있다. 불안이 또 찾아와서 세상이 끝날 때까지 나를 괴롭히려고 단단히 마음먹었구나, 하고 가정하는 대신에 스스로 이렇게 말할 기회라고 생각하자. "우와, 그러고 보니 내 기분이 어떤지 생각하지 않은 게 벌써 몇 주나 됐잖아. 지금은 불편한 느낌이 있긴 하지만, 그 사실을 기억할 필요가 있겠어."

이는 우리가 앞에서 말한 것처럼 자신에게 연민을 가지고 따스하게 말하는 것과 연관된다.

어떻게 점수를 매기고, 어떻게 그것을 기록하고, 자신에게 보상하는지는 여러분이 하고 싶은 대로 하면 된다. 일기에 쓰거나 휴대전화의 앱에 기록해도 좋고, 다른 사람에게 말하거나 그저 대략적인 기억으로 머릿속에 저장해도 좋다. 총합산 점수가 어느 정도에 이르면 야근하지 않기, 자신에게 멋진 것을 사주기 등으로 자신을 대접해주기로 약속한다!

현재에 집중하라

학교 옆을 지나다가 운동장에서 노는 아이들 모습을 본 적이 있는지? 아이들은 대부분 뛰어다니고, 장난을 치고, 무엇보다 현재에 몰두해 있다. 구석진 곳에 앉아 자신의 불안장애를 걱정하고, 그것을 고쳐보려고 깊은 생각에 빠진 아이는 없을 것이다. 물론 자신의 감정과 싸우는 아이들도 더러 있기는 할 것이다. 그러나 일반적으로 학교 운동장은 웃음 소리와 장난스러운 고성이 울려 퍼지고, 낙천적인 에너지가 발산되는 활기차고 기운 넘치는 장소다.

불안장애는 현재의 이 순간에 머무는 것은 좋지 않다는 믿음을 여러분에게 심어준다. 생각해보라. "만약 ……하면 어쩌지?" 하는 모든 생각은 미래에 기반을 두고 있거나, 아니면 과거의 무언가를 깊이 생각하고 있을 때 일어난다. "만약에 ……?" 하는 이런 생각들은 원래 무섭기 마련이다. 그런 생각을 불편한 감각과 감정과 결합시키는 순간, 갑자기 그것들이 여러분의 관심을 온통 붙들어버린다. 반대로 불안을 느끼지 않는 사람들은 모두 현재의 생각과 관심을 가지고 많은 시간을 보낸다. 이것이 어떤 모습인지는 사람마다 다르다.

@missprincesia

"불안을 몰랐을 때의 나는 그저 공상에 빠져 걸으면서 이 런저런 멋진 것들을 상상하곤 했어요. 그리고 내 앞에 있는 것을 즐길 뿐이었죠. 그게 현재에 몰두하던 내 모습이에요. 아주 그럴싸하고 무서운 생각이나 위협 대응이 신호를 보 내려고 하는 내 감각에 집중하는 일은 없었어요."(조시)

흥미로운 점은 현재에 집중하는 것이 **마음챙김** 명상의 핵 심 원칙이라는 사실이다. 마음챙김은 우리를 현재로 인도하 려는 유일한 의도로 진행하는 명상의 한 갈래다. 종종 정신건 강 상태에 대한 응급처방쯤으로 제안되지만(그건 아니다), 생 각과 관심을 현재에 붙들어두려는 우리의 목적에는 도움이 되므로 마음챙김 명상을 연습하는 것도 매우 유용하다.

우리의 생각이 현재에 머물 때, 몸과 마음은 우리가 균형 을 찾으려 애쓸 때보다 훨씬 빨리 균형 상태로 돌아간다. 생 각해보자. 여러분이 계속 바쁘게 지냈다면, 즉 불안을 생각하 지 않았다면, 아마도 내내 신경 쓰고 있었을 때보다 덜 불안 하다는 사실을 알아챘을 것이다. 안타깝게도 사람들은 마음 챙김 명상을 불안을 뿌리 뽑기 위한 '기술'쯤으로 잘못 활용 하는데, 그러면 대체로 효과를 보지 못한다. 두려움을 두려워 하는 마음과 싸우는 사람들은 특히 그렇다. "난 마음챙김을 시도해보았지만 효과가 없었어!"

우리는 여러분이 더 차분한 상태에 있을 때 일종의 예방책으로 마음챙김 명상을 하라고 권한다. 그러면 우리가 불안할 때, 그리고 의도적 용인을 연습할 때 마음챙김을 시도할 준비가 되어 있을 것이다. 만약 공황이 시작되기를 기다렸다가 마음챙김 명상을 하려 든다면, 정신없이 날뛰는 마음 말고는 다른 어떤 것에도 집중하기가 매우 힘들다는 사실을 깨달을 것이다.

요약하자면, 현재에 몰두하기 위한 연습을 시작하라는 것이다. 그것이 마음챙김의 원리를 적용한 것이든, 그저 여러분 앞에 있는 것들에 몰두하는 연습이든 다 좋다. 그것은 사람마다 다를 것이다. 결국 우리는 조시의 황금률로 다시 돌아간다. **"불안하지 않을 때처럼 할 일을 하고 그 일에 전념하라."** 나아가 우리가 자신을 점검하고 관찰하지 않으면서 보낸 시간으로 점수를 매기는 게임과 결합한다면 현재에 집중하는 것이야말로 진정한 승리다.

무얼 하려 들지 마라, 몸은 스스로 고친다

이성적으로 생각해보자. 불안과 공황이 우리를 해칠 수 없다면, 그것이 일어났을 때 왜 무언가를 해야 할까? 무언가를 고치거나 바로잡아야 할 이유가 있을까? 우리가 저지르는 가장 큰 실수 중 하나는 불안할 때 무언가를 해야 한다고 생각하는 것이다. 여러분이 그런 생각을 하고 있다면, 무언가를 '해서' 효과를 본 적이 있었는지? 우리는 사실상 아무것도 하지 말 것을 제안한다. 그야말로 아무것도 하지 말고, 일어나는 일을 바라보라는 뜻이다. 닥터 구글 앞으로 달려가지 말고, 마음을 안심시켜달라고 요구하지 말고, 황급히 보충제를 찾지 말고, 안전 공간으로 달려가지 마시라. 그냥 아무것도 하지 마시라.

우리의 광기에도 다 절차가 있다. 편도체가 하는 역할 때문이다. 위험을 알리고 경보를 울리고 있을 때의 편도체는 우리가 싸우든 도망치든 행동하기를 기대한다. 그러나 우리가 둘 중 어느 것도 하지 않기로 한다면 편도체는 어떤 메시지를 받게 될까? 우리가 하던 일을 중단하거나 바꾸지 않고서 그냥 계속한다면 편도체는 어떻게 반응할까? 불안 회복은 **행동**보다는 **상태**에 관한 것이다. 회복은 연습하면 따라온다.

경보의 비유

우리가 내담자들에게 즐겨 알려주는 근사한 요령 중 하나는 **경보의 오작동**이라는 비유를 끌어내는 것이다. 집에 앉아 있는데 갑자기 화재 경보가 울리기 시작한다고 상상해보자. 여러분은 어떻게 할까? 아마도 화들짝 놀라 행동에 나설 것이다. 불이 났는지 재빨리 살펴보고, 어쩌면 연기 냄새를 맡고는 사랑하는 사람들에게 소리쳐 알릴 것이다. 그런 다음 현장을 빠져나가 소방대가 오기를 기다릴 것이다. 심지어 작은 불이라면 여러분이 직접 끌 수도 있을 것이다. 이를테면 오븐을 켜두고 깜빡 잊었거나 드라이기가 과열됐다는 것을 깨달았다면 말이다. 바로 이것이 화재 경보의 기능이다. 잠재적 위험이 있을 수 있다고 여러분에게 경고하는 것이다. 연기 냄새만 나든 건물이 활활 불타든 상관없이 경보는 똑같이 시작하고 똑같이 울린다.

편도체는 아드레날린과 코르티솔을 분비하게 해서 우리 몸의 경보 시스템을 작동하는데, 불안 반응 또는 위협 대응을 다음처럼 개념화해보면 좋을 것이다. 이 경보 시스템은 스트레스가 많이 쌓였을 때는 위험이나 스트레스의 '냄새'만으로도 갑자기 작동할 수 있다. 그러나 집에서 경보가 울렸을 때처럼 대개는 화재가 아닐 가능성이 크며, 혹시라도 화재가 생겼을 '만약을 위해' 경보가 작동한 것뿐이다. 그런데 중요한 점이 있다. 우리는 집에서 화재 경보가 울린다고 해도 처음에는 불이 난 것처럼 행동하지 않는 경우가 많다. 다만 관심을 가지고 확인할 것이다. 그러나 불안장애를 가진 사람들은 경보가 울릴 때마다, 심지어 오작동할 때도 진짜 불이 난 것처럼 반응한다.

여러분이 사무실에서 일하고 있을 때 건물의 안전관리자가 와서 한 시간 내에 화재 경보 시스템을 점검할 예정이라고 알려준다. 안전관리자는 그것이 경보가 제대로 작동하는 지 알아보기 위한 테스트일 뿐이니 여러분에게 아무것도 할 필요가 없다고 말한다. 매달 하는 정기점검이니 별일 아니라고 말이다. 그래서 여러분은 계속해서 이메일을 작성한다. 꽤나 자세하게 한 단락을 쓰기 시작하는데 갑자기 귀청이 떨어질 듯 요란한 소리에 화들짝 놀란다. 그 소리에 여러분은 벌떡 일어나고, 잠시 위험에 처했다고 느낀다. 그러나 그 순간, 그것이 화재 경보 시스템 점검이라는 사실을 기억해낸다. 연습 경보인 것이다. 그리고 여러분은 아무것도 할 필요가 없다는 안전관리자의 말을 떠올린다. 사이렌이 요란하게 귀청을 때리지만, 그럼에도 여러분은 이메일을 계속 쓸 수 있다. 게다가 지금쯤은 그 소리에 익숙해지기도 했으니 말이다.

불안과 아드레날린 쇄도에 대해서도 똑같이 생각해야 한다. 몸에서 오작동한 경보에 반응하는 사람들은 하던 일을 당장 멈추고 행동에 돌입할 것이다. 그들은 쓰던 이메일을 팽개치고 혹시 불이 났을 경우를 대비해 밖으로 뛰쳐나간다. 연습 경보가 울릴 거라고 미리 알렸음에도 그렇다. 불안을 두려워하고 잘못 해석하는 사람들은 그렇게 한다. 그들은 투쟁 또는 도피 행동에 돌입하라고 신호하는 편도체의 경보를 들을 때마다, 그것이 실제이며 위험이 코앞에 다가왔다고 곧바로 가정해버린다. 그러면 앞 장의 마지막 부분에 이어서 경보의 오작동에 반응하지 않는 연습을 해보자!

부교감신경 활동

불안이 고개를 들 때 그것에 반응하는 대신, 우리의 일상생활 속에서 예방책들을 연습해보면 어떨까? 앞서 불안발작을 다룬 장에서도 말했지만, 우리는 불수의신경계의 균형 작용을 굳게 믿는다. 불안증이 있는 사람들은 교감신경계가 과도하게 자극받은 상태이므로 부교감신경계를 활성화시켜 균형을 이루도록 해야 한다.

여기에는 생활 속에서 정서적으로 자양분을 공급하는 활동을 하기 위한 아래와 같은 노력도 포함된다.

- 즐거운 시간 갖기: 자신을 위한 무언가를 즐기도록 스스로 허락하고 그것을 불안과 싸우는 수단으로 활용한다.
- 명상: 놀라운 효과를 볼 수도 있지만 모두에게 해당하지는 않는다.
- 심호흡 연습.
- 웃기: 코미디나 무언가를 보면서 혼자 웃거나 가족, 친구들과 함께 웃는 것이 가장 좋다.
- 뜨거운 물로 목욕하기.
- 마사지 받기.
- 가벼운 운동(지칠 만큼 심한 운동 말고).
- 자연 속에 있기.

- 건강에 좋고 맛있는 음식 먹기.
- 이완: 여기에는 휴식과 눕기가 포함되는데, 책을 읽거나 텔레비전을 보면서 해도 좋다.
- 게임: 강렬하지 않고 스트레스를 주지 않는 비디오 게임도 괜찮다. 단 1인칭 시점의 총격 게임이나 공포 게임은 피하는 것이 좋다.
- 요가와 태극권.

어떤 것이 여러분에게 맞는지 찾아내되 '의무감에서' 하는 함정에 빠지지 않는 것이 중요하다. 다른 사람들에게 효과가 있다고 해도 여러분에게 맞지 않다면 애써 따라 하려고 하지 말자. 개인적으로 우리는 요가를 별로 하지 않지만, 우리가 아는 많은 사람이 요가로 효과를 보기도 했다.

@missprincesia

다른 무언가를 삶의 중심에 놓아라

오랜 기간 불안을 느끼며 살아왔다면 우리 삶의 중심은 불안이 차지하고 있을지 모른다.

우리는 아침에 일어나면서부터 불안을 고치려고 한다. 해결책을 찾으려 하고 답을 구하려 애쓴다. 깊이 파고들고, 내면으로 들어가 그 시작 단계의 여러 다른 층을 탐색한다면, 아마도 해결책을 찾을 수 있으리라 상상한다. 그렇게 날마다 우리는 답을 찾으려 한다. 매일 해가 뜨고 눈을 뜰 때마다 그 즉시 불안의 무게를 느끼기 때문이다. 불안이 우리를 완전히 잠식한 나머지 우리가 하는 모든 일은 걱정 관리를 중심으로 돌아가기도 한다. 우리가 탈출구를 발견할 수 있다는 생각, 어떻게든 답을 찾아낼 때까지 계속 탐색하고 톺아보면 된다는 생각이야말로 이 불안의 사이클에 남아 있는 확실한 길이다.

그런 태도는 불안이란 우리가 머릿속에서 고칠 수 있는 것이라고 보는 낭만적인 견해를 뒷받침할 뿐이다. 좋은 심리치료사와 함께한다면, 얼마든지 여러분의 불안을 탐색하고 개념화할 수 있겠지만, 여러분 혼자서 생각의 고리 속을 맴돈다면 아무런 성과도 얻지 못할 것이다.

물론 아주 오랫동안 불안에 시달려왔다면, 불안하지 않은 삶이 어떨지 더는 모를 수도 있을 것이다. 나쁜 습관이 으레 그렇듯, 불안해하는 것이 좋지 않은 정신 습관이 되어버리면,

그것을 깨기는 몹시 힘들다. 여러분을 도와줄 도구와 기술이 있는 것도 다 그 때문인데, 여기서 우리는 다른 무언가를 삶의 중심에 놓는 것에 관해 이야기하려고 한다. 그것을 어떻게 하느냐고? 우선 계획을 세워야 한다. 여러분 자신에게 물어봐야 한다. 만약 불안을 느끼지 않는다면 나는 무엇을 하고 있을까? 불안을 느끼지 않고 지내는 일주일은 정확히 어떤 모습일까?

조시는 자신의 상담실에서 내담자와 함께 이 기술을 활용하면서 한 주의 일정을 짜도록 돕곤 한다. 불안한 하루와 불안하지 않은 하루를 비교해보자.

불안한 하루, 이 사람은 아침에 눈을 뜨면 자신의 기분이 어떤지 생각한다. 곧바로 걱정이 밀려온다. 걱정의 감정이 든다는 것은 곧 아침 식사를 하지 못하리라는 뜻이다. 지금은 속이 메스껍고 걱정 때문에 마음이 자꾸 딴 데로 가기 때문이다. 그래서 그는 조언을 구하고 마음을 달래기 위해 인터넷 검색을 한다. 어쩌면 답을 찾을 수 있을까 하는 기대로 몇 권의 책을 뒤적거리기도 하고, 자신과 관련될 만한 사연이나 정보를 찾아 소셜 미디어를 뒤지기도 할 것이다. 그는 불안을 회피하려는 생각에서 계속 바쁘게 지내려고 애쓴다. 요리나 청소를 하기도 하겠지만, 하루가 끝날 때쯤에는 기진맥진해진다. 그 모든 아드레날린과 걱정으로 에너지가 바닥난 상태에서, 그는 피로감과 스트레스를 느끼며 잠자리에 든다.

이제 나머지 다른 것은 모두 똑같다고 가정하고, 그 사람이 불안하지 않다면 어떨지를 상상해보자. 우리의 내담자는 이렇게 말할지도 모르겠다. "음, 일어나서 아침을 먹으러 가겠죠. 하지만 너무 불안하면, 아침을 못 먹을 것 같아요." 여기서 답은 어쨌든 할 일을 하는 것이다. 하루하루 일상생활 속 각각의 과제가 불안 때문에 중단되거나 방해받을 수 있을지언정 어쨌든 우리는 그것을 해야 한다. 우리가 원하는 것은 두뇌가 그런 과제를 하도록 훈련시키는 것이기 때문이다. 설사 아침 식사를 겨우 두 술밖에 못 떴다고 해도 여러분은 대단한 일을 해낸 것이다!

누가 뭐라 하겠는가? 여러분이 해냈는데. 이제 여러분은 어제의 여러분과는 다른 무언가를 하고 있다. 위협 대응을 끄기 위한 단계를 이미 밟아가는 것이다.

여러분의 평범한 한 주는 어떤 모습일지 계획을 세우고 그 실천에 힘쓰자.

이 기술이 그렇게 대단한 이유는 그것이 우리 두뇌를 재배선하기 때문이다. 불안은 습관 속에서 무럭무럭 자란다. 그러므로 우리가 하는 모든 일과 우리가 내리는 모든 결정의 중심에 불안이 자리 잡고 있다면, 하루하루가 변함없이 반복된다고 생각하게 된다. 아침에 일어나서 불안한 무언가를 하고 밤에 잠자리에 들지만 이내 좌절하고 만다. 오늘도 불안이 사라지지 않은 것이다. 우리는 아직 답을 찾지 못했다. 해결책

@missprincesia

을 찾지 못했다. 그냥 어제와 똑같고 그제와 똑같은 또 하루를 살았을 뿐이다. 무언가 바뀌어야 한다.

불안은 여러분이 사라지라고 요구할 때 사라진다. 그리고 새로운 습관은 충분히 오랫동안 반복할 때 주요 습관으로 자리 잡게 되며 묵은 습관은 점차 사라진다. 흡연 같은 중독에서 벗어나기 위해 애쓰는 것과 똑같은 방식으로, 우리는 습관에 중독된다. 위안 찾기에 중독되는 것이다. 생각의 고리를 차단해 그 습관을 바꿔보자. 생각의 고리를 어떻게 차단하면 될까? 마치 불안하지 않은 삶을 사는 것처럼 하루의 계획을 세우고 그것에 전념하는 것이다.

우리의 경험담

조시 나에게 정말 유용했던 건 내가 **이미 불안할 때**나 **이미 공황 상태일 때**는 거기 반응한답시고 부교감신경계를 활성화하려고 애쓰는 행동을 하지 않는 거였어요. 물론 스트레스를 받는 상태라면 얘기가 다르겠죠. 하지만 너무 오랫동안 스트레스를 무시하다 보면 갑자기 공황에 빠질 때가 있어요. 그렇다면 그때는 명상을 연습할 때가 아니죠. 냉수 샤워를 할 때도 아니고요. 십중팔구는 너무 늦었으니까요. 그러니 공황이 다 지나간 후에 그걸 하는 게 나아요. 나한테는 그게 엄청 도움이 됐어요. 반응적이기보다는 예방적인 행동이라 할까요.

내 생각엔 명상처럼 도움이 되는 기술들을 무시하는 사람이 너무 많은 것 같아요. "아, 명상? 나도 해봤어"라는 식으로 넘겨버리죠. 하지만 그건 공황이 왔을 때 자신을 진정시키기 위한 치료법으로 명상을 시도했기 때문이에요. 그러니까 일종의 반응으로서 명상을 시도했던 건데, 사실 정말 도움이 되는 건 편안할 때 명상하는 것, 그걸 일상의 일부로 만드는 거죠.

딘 전적으로 동의해요. 그 말을 이렇게 바꾸면 좀 더 명쾌하지 않을까요? 사람들이 그걸 하나의 **도구** 로 활용하려 한다는 거죠. 불안 극복을 도와줄 도구 들을 처음 보았을 때는 아마 나도 그런 사람들처럼 생각했던 것 같아요. 어떤 사람들은 공황이 최고조 에 달했을 때 명상이나 마음챙김을 동원하면서 그 걸 일종의 목발처럼 의지하죠, 안 그래요?

조시 맞아요.

딘 반면에 조시가 말한 것처럼 예방책으로 명상이 나 마음챙김을 하는 건 좋다고 봐요. 사실 내게 도 움이 됐던 건 마음챙김이었어요. 그냥 현재에 머무 는 거죠. 사실 조시가 불안에 이름표 붙이기라고 했 던 내용은 마음챙김을 연습할 때 하나의 기법으로 나오는 것과 비슷해요. 그래서 나는 불안이 느껴질 때면, 내가 불안을 느끼고 있구나, 하고 알아차리고 가만히 그것을 바라보곤 했죠.

또 하나 도움이 되었던 도구는 정확한 호흡이었어요. 조시도 아는 내용인지 몰라도, 사람들 중 70퍼센트 이상이 정확한 호흡을 하지 못한대요. 숨 쉴 때 복식호흡을 하지 않는 거죠. 아까 명상도 마찬가지지만, 내가 공황 상태가 아닐 때 평소에 호흡을 연습한 게 도움이 되었어요. 하지만 사람들은 차분할 때 복식호흡을 연습하는 게 아니라 심한 공황이 왔을 때 하려고 하다가 많이들 어려움을 겪는 것 같아요.

조시 복식호흡은 정말 좋은 기법이죠. 나한테 진짜 도움이 됐던 또 하나는 불안을 측정하고 수치를 매기는 거였어요. 전에도 언급한 적 있지만, 불안을 수치화해서 다른 사람들과 함께 내 불안 점수에 관해 소통하는 거죠. 그래서 내 친구들, 사랑하는 사람들, 내 파트너에게 끊임없이 "지금 난 불안해! 불안하다고!" 하며 내 상태를 반복해서 말하기보다는 이런 식으로 말하는 거예요. "난 지금 6이야." "아, 그래, 그럼 꽤 불안한 거네." "이런, 지금 9야. 9라고. 정말 공황인 것 같아." "지금은 2야." "음, 괜찮

은데! 오늘 아침엔 9였잖아." 이런 수치화가 정말
중요하다고 봐요.

🄓 맞아요. 확실히 불안 측정은 많이들 시도하고
검증했던 정말 훌륭한 인지행동치료 기술이네요.
그렇죠? 그렇게 불안 반응을 측정하면 내담자는 불
안 수치를 알 수 있겠죠. 불안은 예-아니오의 이분
법도 아니고 스위치를 켜거나 끄는 것도 아닌, 다양
한 차이가 있는 차등 구조니까요. 조시 말처럼 내가
이 불안 저울에서 어디쯤 있는지 알면 사랑하는 사
람이나 가족들, 직장 동료들에게는 정말 유용하고
도움이 될 수 있어요.

그리고 아까 조시가 한 말에 짧게 덧붙이자면, 처
음에 불안과 공황을 다루기 시작했을 때 내가 했던
건 그 모든 걸 혼자서 마음속에 간직하는 게 전부
였어요. 그래서 사무실에 있거나 친구들과 외출했
을 때도 그냥 모든 걸 혼자만 간직하고 혼자서 내
면의 싸움을 하다시피 했죠. 그러다가 친구들을 찾
아가서 털어놓았는데, 그게 정말 도움이 되더군요.
"저기, 솔직히 말하면 지금 내가 약간 불안한 것 같

아." 그러면 친구들은 이렇게 말하곤 했죠. "그거 알아, 나도 그래." 정말 믿어지지 않는 일이죠. 안 그래요? 내 주변 사람들이 저마다 내면적 싸움을 하고 있다니?

그래서 나는 모두가 함께하면서 서로를 돕고, 불안을 느끼고 있다는 걸 겁먹지 말고 사람들에게 말하는 게 정말 중요하다고 생각하게 됐어요. 일기 쓰기로 대신할 수도 있고요. 마음속의 생각을 종이 위에 옮기는 게 도움이 되거든요. 그러면서 마음속의 비이성적인 생각의 과정을 벗어나는 거 아닌가요?

조시 그렇고말고요. 내가 보기에 가장 중요한 건, 아니 가장 중요한 것 중 하나는 연민인 것 같아요. 자기 자신에게 너그럽게 대하도록 노력하고, 또 자기비판적은 아닌지 돌아봐야 해요. 극도로 자기비판적인 태도를 견지하면서 불안을 극복한 사람은 아무도 없거든요. 불안장애가 있다고 해서 자신을 비난할 수는 없어요. 그 점을 꼭 기억해야 해요. 자신한테 말할 때도 사랑하는 사람이나 가까운 친구한테 말하듯 해야죠. 불안에서 빠져나오도록 자신을 격려할 수 있는 태도가 바로 그런 거예요. 그게 정말 중요한 것 같아요.

딘 그렇죠. 조시는 처음 내담자가 찾아왔을 때, 아니면 인스타그램 플랫폼에서 질문을 받았을 수도 있겠지만, 이런 질문을 자주 받지 않나요?
"어떻게 하면 불안을 없앨 수 있을까요?"
"어떻게 하면 너무 많은 생각을 몰아낼 수 있나요?"
"어떻게 하면 비이성적인 생각들을 멈출 수 있을까요?"
그래서 말인데, 그런 생각 자체가 아니라 그런 생각에 대한 자신의 반응, 자신의 행동에 중점을 둔 심리교육을 강조하는 게 중요하다고 봐요.

10장

공동체에서 듣는 성공담

불안 극복의 성공 사례

우리는 불안을 극복한 우리 공동체 회원들이 직접 들려주는 이야기를 이 책에 싣는 것이 좋겠다고 생각했다. 이번 장에서는 회원들이 보내온 이야기 중 일부를 간추려보았다. 회원들의 이름은 가명으로 대신했다.

샐리의 공황장애 이야기

안녕하세요? 내 경우는 어느 날 직장에 있다가 갑자기 이상한 감정을 느끼면서 모든 것이 시작되었답니다. '이상하다'고 말한 건, 갑자기 멍한 느낌이 들면서 정말 느닷없이 내 실체에 관해 의문을 가지게 되었다는 얘기예요. 알고 보니 그걸 비현실감이라고 하더군요. 어쨌든 그때 처음 든 생각은 이랬죠. "엄마야, 내가 정신이 나간 거면 어떡하지?" 갑자기 내게 일어나고 있는 일에 대해 무서운 생각이 들면서 심장이 마구 뛰기 시작했고 땀이 비 오듯 쏟아졌어요. 그리고 "심장마비가 오는 거면 어떡하지?" 같은 온갖 가정법의 생각들이 걷잡을 수 없이 밀려들면서 전반적인 공황이 더욱 심해졌죠.

도움을 청하려고 두리번거리며 간절히 동료들을 바라보았지만, 그 얼굴들이 아주 멀리 있는 것처럼 느껴졌고 근심 어린 그 표정들은 내 걱정을 더할 뿐이었어요. 가까스로 누군가에게 구급차를 불러달라고 부탁했더니 그가 구급차를 부르더군요. 구급대원이 도착하고 나를 훑어보고는 예방 차원에서 병원에 데려갔어요. 심전도를 비롯해 몇 가지 검사를 받았는데, 전부 다 괜찮다는 거예요. 그래서 처음엔 안심이 되었지만, 며칠 후에 다시 두려움과 '멍한' 이상한 감정이 찾아오더군요.

그래서 휴가를 내고 집에 있었어요. 집에 머물면서 내가 느끼는 감정들을 '이해'하려고 노력하는 게 좋겠다고 생각했거든요. 방 안을 서성거리면서 내가 왜 갑자기 그런 감정들을 느끼게 되었는지 곰곰 생각하고 분석해봤죠. 하지만 아침에 깰 때마다 두려움과 죽음에 대한 그런 느낌은 변함없이 계속되었어요. 내 관심은 오직 내 감정에만 쏠려 있었고, 전혀 나아진 것도 없이 며칠이 흘렀죠. 내가 느끼는 감정들은 수면과 식사, 소화에까지 영향을 미쳤고, 덕분에 이미 산더미 같은 걱정에 걱정이 더해졌어요.

그러다가 여러분을 알게 되면서부터 실제로는 나한테 아무 문제가 없다는 걸 깨닫기 시작했어요. 여러분은 더욱이 제가 만났던 의사나 병원에서도 해주지 못했던 관련 자료 소개까지 해주었죠. 솔직히 말하면, 나는 '불안'이라는 단어에 진심으로 공감한 적이 없었어요. 불안이란 그저 걱정 많은 사람들이 일상의 고민에 대해 느끼는 감정을 표현할 때 쓰는 단어라고만 생각했거든요. 그런데 내가 거기 있었던 거예요, 불안을 느끼면서요!

회복에 전환점이 있었는데, 불안과 아드레날린의 무해한 영향을 면밀하게 관찰하고 집중하는 것이 도리어 나를 불안 사이클에 가둬놓는다는 사실을 알게 된 거였죠. 그리고 내 불안 문제가 질병이라기보다는 **공포증**에 더 가깝다는 걸 이해하게 된 것도 정말 도움이 됐어요. 그동안 나는 불안 증상에 대한 공포증을 키웠던 거예요. 공황이 두려웠던 거죠! 물론 처음에 공황발작이 왔을 때는 그걸 알아차리기가 쉽지 않았어요. 무슨 일이 벌어지고 있는 건지 전혀 몰랐으니까요. 하지만 지금 보면 그건 오래 지속된 스트레스로 인한 투쟁-도피 활성화였어요.

불안은 나를 해칠 수 없다는 것, 불안은 자연스러운 신체 반응이라는 것을 알게 되자 공황을 대하는 태도와 행동을 바꾸기가 수월해졌죠. 그때부터는 도피를 멈추고, 처음에는 도전조차 의심스러웠던 그런 상황 속에서 불안과 함께 머무는 연습을 시작했어요.

내 목표는 분명했어요. 흔히들 말하는 **2차 불안**, 즉 걱정에 대한 걱정을 뿌리 뽑고 싶었죠. 그래서 내가 하는 안전 행동과 회피 행동, 이를테면 집에 틀어박히기, 방 안 서성이기, 문제를 정신적으로 '해결'하려는 노력 같은 행동들을 가려내는 것부터 시작했어요. 그걸 위해서 불안과 공황에 대한 의도적 용인을 연습했죠. 그리고 머잖아 공황발작은 아드레날린 쇄도에 불과하고 그것 때문에 이상한 증상들이 동반된다는 것을 알게 됐어요. 나는 심장박동이 마구 빨라져도 내버려두었고, 기꺼이 비현실감과 멍한 기분을 느꼈고, 숨이 가빠도 내버려두었어요. 그랬더니 신기하게도 불안이 지나가는 거예요. 아드레날린이 고갈되니까요. 그러다가 코르티솔 분비까

지 멈추고 나자 '초조한' 느낌도 사라졌어요.

이제 조금씩 자신감이 생기면서 서서히 내 생활로 돌아가게 됐죠. 불안은 단지 불편함일 뿐 위험이 아니라고 깨닫게 되니, 나 자신에게 도전하는 것이 기대되기까지 했답니다. 내 글이 누군가에게 도움이 됐으면 좋겠네요. 혹시나 나와 비슷한 상황에 있다면, 여러분도 얼마든지 해낼 수 있어요!

파이절의 광장공포증 이야기

안녕하세요? 여러분이 하시는 일에 대해, 특히 지난 몇 달간 도와주신 데 대해 깊은 감사를 드립니다. 제 이야기를 짤막하게 들려드리게 되어 무척 기쁩니다.

저의 광장공포증은 몇 년 전 생활 속의 일들을 서서히 제한하면서 시작되었습니다. 언젠가 스페인에 갔다가 불안발작을 일으킨 적이 있어서 그 후로는 해외 휴가를 가지 않았는데, 지금 생각하면 광장공포증은 그때 처음 시작되었던 것 같네요. 그때부터 휴가는 줄곧 영국 안에서만 보냈지만, 내게 무슨 일이 일어나고 있는 건지 제대로 의식하지 못했습니다. 그러다 자동차도로나 붐비는 도로에서 운전하기가 꺼려져서 더 조용하고 더 먼 길을 돌아가기 시작했습니다. 하지만 문제가 있다는 사실을 제대로 알아차린 건 아내와 함께 언덕을 걷고 있을 때였는데, '공황발작' 또는 지금 알기로는 아드레날린 쇄도가 일어났죠. 그때 얼마나 겁이 났는지 전 당장에 발길을 돌려 집으로 갔습니다. 물론 그때부터는 평소 좋아하던 산책도 그만두었습니다.

한동안 재택근무를 해도 되는지 직장에 물었더니 허락해주더군요. 저는 몇 가지 핑계를 대며 이유를 둘러댔습니다. 그렇게 남는 방에 사무 공간을 마련하고 집에서 일하는 습관을 들였죠. 시간이 흐르다 보니 굳이 집 밖으로 나갈 필요가 없다는 걸 깨달았습니다. 아내가 장을 봤고, 제가 장 볼 차례가 되면 택배로 배달시켰죠. 하지만 이런 생활도 오래가지 못했는데, 아내가 걱정이 되었는지 저에게 캐묻기 시작했거든요.

광장공포증 때문에 집을 나가려고 하면 '기겁'할 저의 모습과 시나리오가 머릿속에 떠올라 저는 집 안에만 틀어박히게 되었습니다. 집 안에 나만의 '안전 지대'를 만들었지만, 집에 틀어박히는 건 사실상 도움이 되지 않았어요. 돌이켜보면, 저의 안전 지대는 시간이 흐르는 동안 계속 변하고 있었습니다. 스페인에서 불안을 경험한 순간 이후로 안전 지대가 점점 축소되고 있었던 거죠. 출근하면서 특정 경로만 고집한 것도 그랬고, 나중에 결국 집 안으로 행동반경을 제한했을 때는 더욱 그랬죠. 결국 저의 불안이 무서운 생각과 감각을 이용해 제가 외부를 피하도록 하는 데 성공한 겁니다. 궁극적으로 저는 혹시라도 집을 나서면 끔찍한 일이 벌어질 '경우에 대비해' 집에서만 지내게 되었습니다. 하지만 한 꺼풀 벗겨보면, 제가 집 밖으로 나가지 않았던 이유는 그것이 나에게 어떤 **'느낌'**을 안겨줄지가 두려웠기 때문입니다. 광장공포증은 두려움에 대한 두려움입니다. 마음이 말도 안 되는 것들을 제안하면서 여러분에게 회피하도록 하는 거죠.

회복을 위해서 저는 이 모든 것을 뒤집었습니다. 의도적 용인을 연습했고, 연습하면서도 억지로 버티지 않으려고 노력했죠. 그리고 제가 자신을 얼마나 혹독하게 대하는지 상담사와 제 아내한테 털어놓았습니다. 꾸준하고 성공적인 회복을 위해 좀 더 너그러운 태도를 갖추는 데는 그게 도움이 되었습니다. 그뿐 아니라 저는 제 몸에서 벌어지는 일에 관해 공부했고 DLC 앵자이어티와 앵자이어티조시 같은 커뮤니티를 통해 소중한 통찰을 많이 배웠죠. 그러면서 "이건 불안일 뿐이다", 그리고 불안은 나를 해치지 못한다고 끊임없이 되뇌었습니다.

또한 집이 왜 안전 장소가 되는지, 집에서는 왜 불안을 잘 느끼지 않는지 이해하는 것도 도움이 되었죠. 불안한 일을 경험할 때마다 저는 집으로 물러나곤 했거든요. 중요한 사실은, 불안이 가라앉을 때마다 정신을 차리고 보면 거의 항상 집 안이더라는 거였죠. 저의 편도체는 제가 차분해진다고 여겨지는 유일한 장소가 저의 집 안이라는, 아무 도움이 안 되는 메시지를 등록하고 있었던 겁니다. 그 사실을 알고 나니, 제가 왜 집이 아닌 다른 곳에 가는 걸 점점 더 꺼렸는지 이해가 되었습니다!

마침내 광장공포증에서 회복했다고 생각한 건 아름다운 아내와 함께 오래도록 산책했을 때였습니다. 그때도 숨이 가빠오고 죽을 것 같은 끔찍한 감정이 들기 시작했죠. 달아나고 싶은 충동이 밀려왔지만, 그러지 않았어요. 그러자 머지않아 불안이 가라앉더군요. 걷는 속도를 조금 늦추긴 했지만 멈추지는 않았습니다. 제가 어디에 있든 불안은 지나간다는 것, 그거야말로 불안 극복에서 알아야 할 가장 막강한 사실입니다. 저에게 이 사실을 가르쳐준 여러분께 깊이 감사드립니다.

모니크의 범불안장애 이야기

저는 어릴 때부터 늘 걱정이 많았어요. 하지만 아이 엄마가 된 후로는 불안이 통상적 수준을 넘어서더군요! 저는 무언가를 걱정하지 않고 10분을 보낸 적이 없을 정도였어요. 그런 저에게 걱정의 과정과 숨은 기능을 이해하는 것은 큰 도움이 되었습니다. 저의 걱정은 저를 돌보고자 노력하는 제 위협 대응의 부산물이었던 거죠. 저를 안전하게 지키려는 위협 대응은 끊임없이 제 생활을 관찰하면서 혹시 위협은 없는지 살피고, 재난을 암시하곤 했죠. 저는 무언가를 걱정하면 그런 사고가 일어나기 전에 예방할 수 있다고 생각했기 때문에 아주 오랫동안 그런 생각만 하고 지냈던 것 같아요. 덕분에 저는 계속 걱정을 안고 살았던 거예요. 하지만 아이가 생긴 후로는 이 쓸데없는 걱정의 사이클을 지속할 여력이 제게는 없다는 걸 깨달았죠.

　세월이 흐르고, 그리고 불안과 범불안장애에 관해 배운 덕택에, 제 뇌가 저한테 던지는 "만약 ……하면 어쩌지?"라는 질문에는 관여하지 않는 게 **안전**하다는 걸 깨닫게 되었어요. 하지만 가장 힘들었던 건 범불안장애가 어김없이 안겨주는 불확실성과 위험의 느낌과 싸우지 않는 연습을 하는 거였죠. 이제 저는 걱정에서 벗어나 현재의 다른 것에 주의를 쏟는 데 아주 익숙해졌어요. 저의 행동과 걱정 패턴을 관찰하는 것도 잘 해냈고, 자기 생각에 빠져드는 자신을 발견하면 저에게 보상을 해주었죠. 불안은 정말 교활한 악마일 수 있어요!

저의 경우 범불안장애를 극복한다는 건 어떤 위험도 없다는 걸 불안한 마음에게 보여줌으로써 위협 대응을 끄는 거였어요. 그리고 제가 범불안장애를 바라보는 방식을 재구성했죠. 지금은 범불안장애를 이렇게 이해하고 있어요. 나를 안전하게 지키고 싶어 하지만, 내가 내버려두면 기꺼이 꺼지는 내 몸의 보호기제라고 말이죠. 요즘 저는 잘 지낸답니다. 가끔은 들러붙는 생각을 떨치기 힘들 때도 있지만, 중요한 건 내 집중의 대상이라는 사실을 되새기곤 합니다. 자꾸만 무서운 생각과 감각에 집중한다면, 그게 계속되거든요. 무엇보다 어려운 건 초점을 다른 곳(비록 안전하지 않게 느껴지더라도)으로 안내하도록 스스로 허락하는 거예요.

여러분이 범불안장애가 있다고 해서 망가진 건 아니에요. 여러분에게는 아무 문제도 없어요. 하지만 몇 가지만 살짝 조정해낸다면 삶은 더 나아진답니다.

개빈의 건강염려증 이야기

딘과 조시에게, 안녕하세요? 올바른 지식과 도움이 없었던 탓에 몇 년간 지속되었던 저의 건강염려증 이야기는 잘 아실 겁니다. 간단히 말하자면, 저의 경우는 평소와 다른 무언가를 발견하거나 느낄 때마다 불안 반응이 시작되었습니다. 그리고 저는 제 뇌가 보여주는 아주 무시무시한 시나리오에 깊이 빠져들곤 했어요. 심장이 박동 하나를 건너뛰면 심장에 이상이 생겼다고 지레짐작하고 "심장 결함이면 어쩌지?" 하는 걱정부터 했습니다. 두통이 생기면 뇌종양이라고 생각했고요. 특이한 증상이 생기면 즉각 인터넷에서 그 증상을 검색하는 참으로 터무니없는 짓을 했지만, 결국 검색을 마치고 나면 처음보다 더 무서워지곤 했죠! 건강염려증은 저의 삶을 갉아먹었습니다.

지금은 잘 알고 있어요. 저의 편도체가 특이한 자극에 반응해 저의 불안을 촉발하고 저의 안전을 **의심**하게 만들었다는 사실을요. 그리고 불안 반응 탓에 이런저런 증상이 무해하다는 사실을 의심하게 되는 건 그것이 곧 불안의 목적이기 때문이라는 것도 알고 있습니다. 불안이란 저에게 의심을 불러일으켜 주의를 끌게 만들고, 따라서 잠재적인 '위험'을 계속 경계하기 위한 것이죠. 저는 한 발짝 물러나 그것을 인정하는 대신, 마치 각각의 자극이 모두 실제인 것처럼 무서운 생각과 감각에 몰두했고, 결국엔 그 모든 증상은 제가 곧 죽을 거라는 신호라고 가정하는 습관에 갇혀버렸습니다.

저는 주변 사람에게서 저를 안심시켜줄 말을 구하곤 했어요. 계속해서 의사에게 전화하고, 소셜 미디어 집단이나 포럼에서 조언을 구하고, 저에게 절실히 필요하다고 생각되는 위안과 안도의 말을 찾아 인터넷을 샅샅이 뒤지곤 했죠. 불안 반응과 관련해 제가 몰랐던 것은 그것을 저 스스로 만들고 있었다는 것, 그리고 그 내용을 삶의 중심에 놓고 있었다

친절한 불안 상담소

는 사실이었습니다. 그러나 불안 반응이 일어나면 당장 관여해서 공허한 안도의 말을 구하는 대신 그냥 내버려두는 법을 배웠을 때, 불안이 가라앉기 시작한다는 사실을 깨달았습니다. 불안 반응, 또는 조시의 말을 빌리면 '위협 대응'이 가라앉으면, 그때는 좀 더 명료해진 정신으로 다시 상황을 바라보게 되더군요.

건강염려증과 관련해 제가 시도한 기술은 즉각적으로 관여하지 않는 법 배우기였습니다. 사실 저에게 나타난 증상이 불안의 증상이라는 건 잘 알고 있었지만, 당장에 모든 걸 팽개치고 거기에 관심을 쏟고 싶은 충동에 저항하기란 무엇보다 힘든 난관이었습니다. 하지만 지금은 얼마든지 할 수 있다고 장담할 수 있습니다. 그리고 지난 몇 달 동안 이것을 연습하면 연습할수록 휘몰아치는 온갖 생각과 불안이 나를 갉아먹는 경우는 점점 더 줄어들었기에 지금은 행복합니다.

메어리드의 강박장애 이야기

조시와 딘에게, 안녕하세요? 강박장애를 가지고 살았던 제 이야기를 들려드릴까 합니다.

어릴 때 저는 전형적인 강박장애 행동들을 보였습니다. 지나칠 만큼 자주 손을 씻었고 방을 나갈 때는 문고리를 열 번씩 확인해야 했죠. 그런 것들을 하지 않으면 뭔가 나쁜 일이 일어날 거라는 느낌을 지울 수가 없었거든요. 손을 씻지 않으면 어떻게든 우리 가족에게 병을 옮겨 결국엔 죽이게 될까 봐 걱정했죠. 그리고 문고리를 열 번 확인하지 않으면 도둑이 들까 봐 공황에 빠지곤 했고요.

그런데 다른 정신적 강박들이 생기면서, 말씀드린 것 같은 전형적인 강박장애 행동 이상의 것이 나타나게 되었죠. 밤에는 사랑하는 사람들의 얼굴을 머릿속으로 아주 자세하게(그리고 '정확한' 순서를 따라서) 그리지 않으면, 그들에게 뭔가 끔찍한 일이 일어날 것 같았어요.

하지만 점점 커가면서, 무슨 이유에서인지는 몰라도 어느덧 그런 행동들을 하지 않고 있는 저 자신을 발견했습니다. 어쩌면 사는 게 정신없어서 그랬을지도 모르지만, 이유야 어쨌든 20대까지는 괜찮았고 강박장애도 없었어요. 그러다가 20대 때 한 차례 공황발작을 일으킨 후로는 불안장애가 생겼습니다. 공황발작 자체가 너무 두렵고 건강염려증이 너무 두려운 나머지 어찌어찌 없어졌던 강박장애 습관들이 되살아나더군요. 이번에 돌아온 습관은 자기 관찰, 확인, 그리고 공황의 징후나 건강염려증의 징후를 살피는 형태였습니다.

옛날에 하던 일부 강박장애 행동들도 다시 하게 되더군요. 저는 지나치게, 너무 자주 청소하는 자신을 발견했습니다. 짐작하시겠지만, 팬데믹이 발발한 것도 저에겐 도움이 되지 않았죠. 저는 강박적인 청소 습관이 다시 생겼다는 걸 눈치 챘지만, 다행히도 그 시기엔 대부분 집에서 보냈기 때문에 그 특정 행동이 아주 큰 영향을 미치지는 않았습니다. 하지만 정말 도움이 되지 않았던 것은 계속되는 강박적인 자기 관찰과 확인이었는데, 그것이 다시 위협 대응을 불러오곤 했죠.

저는 위협 대응 촉발의 끝없는 악순환 속에 갇혀 있는 자신을 발견했습니다. 위협 대응은 강박적인 확인과 관찰을 유발하고, 확인과 관찰은 다시 위협 대응을 촉발했습니다! 공황에 감춰진 이유를 끊임없이 검색하고 그 사이클을 끝내려고 노력하면서 오히려 그것이 지속되도록 부추기고 있었던 셈이죠. 그리고 이것은 저를 쇠약하게 만들기 시작했습니다.

조시와 딘에게서 불안과 위협 대응의 작동 방식에 대해 배운 덕택에, 강박장애는 위협 대응을 끄는 것과 관련되어 있음을 깨달았습니다. 갑자기 모든 것이 앞뒤가 맞아떨어지더군요. 그리고 제 관심을 위협 대응에서 다른 곳으로 돌렸을 때 저는 처음으로 강박장애 증상을 극복했다는 사실을 깨달았죠. 궁극적으로 강박장애가 사라진 건 첫 직장을 구해 정신없이 바쁘게 지내던 때였습니다. 관심이 딴 데 가 있었기 때문에 위협 대응이 꺼졌던 거죠. 그때는 미처 몰랐지만, 주의를 딴 데로 돌려 강박적으로 나 자신을 확인하고 관찰하지 않는 연습을 하다 보니 지금은 강박장애를 관리할 수 있게 됐습니다. 그리고 어쩌면 더 중요한 내용일 수 있는데, 이런 식으로 확인을 중단하고 다른 것에 집중할 수 있을 때는 저 자신에 게 축하해준답니다. 마지막으로 언제 내가 그렇게 했는지, 그 후로 시간이 얼마나 지났는지 차분히 앉아서 생각하고 그 성과에 대해 스스로를 칭찬하는 거죠. 그건 정말 큰 도움이 됐습니다.

저는 계속 앞으로 나아가면서 외부적인 것에 초점을 맞추려고 노력하고 있습니다. 강박장애는 생각들, 특히 거슬리는 생각에 집중할수록 더 살아나거든요. 그리고 그것이 제게는 큰 효과가 있었습니다. 지금도 갈 길이 좀 더 남아 있지만, 우리가 이야기를 나누는 동안에도 저는 인지행동치료사에게 상담받고 있고, 이미 확인과 강박에 관해서는 상당한 진전을 보이고 있습니다. 저의 불안은 80~90퍼센트 정도 가라앉은 상태이며, 지금은 다시 평범한 생활을 하고 있다고 말씀드릴 수 있게 되어 기쁩니다.

11장

요약정리

감정이 말할 수 있다면

슬픔은 이렇게 말하고 있을지 몰라, 울라고.

외로움은 이렇게 말하고 있을지 몰라, 연결이 필요하다고

수치심은 이렇게 말하고 있을지 몰라, 자기 연민이 필요하다고

원망은 이렇게 말하고 있을지 몰라, 용서하라고

공허함은 이렇게 말하고 있을지 몰라, 창조적인 일을 하라고

분노는 이렇게 말하고 있을지 몰라, 경계를 확인하라고

불안은 이렇게 말하고 있을지 몰라, 숨을 쉬라고

스트레스는 이렇게 말하고 있을지 몰라, 한 번에 한 걸음씩 가라고

출처: 홀히티드 스쿨 카운슬링(@wholeheartedschoolcounselling)

11장 요약정리   247

시간 내어 이 책을 읽어준 독자 여러분께 감사드린다. 불안에 시달릴 때 집중력을 유지하고 이 모든 정보를 흡수한다는 것은 정말 어려운 일일 수 있다. 그러나 여러분은 해냈다!

이 책을 쓰면서 우리는 불안에 관해 우리가 알고 있는 지식과 이해로 여러분의 걱정을 덜어줌으로써 약간의 안도와 위안을 줄 수 있기를 바랐다. 지금까지 우리가 배우게 된 것은, 불안증이 있다고 해서 여러분이 망가진 것은 아니라는 사실이다. 그와는 반대로 여러분의 몸은 지극히 건강하며 제 할 일을 **정말 잘하고** 있다. 바라건대 여러분이 이 책의 정보로 무장하고, 그동안 겪어온 끊임없는 두려움을 덜어내어 불안하지 않은 자신의 모습을 재정립해나갔으면 한다.

이 책을 **여러분의** 불안을 이해하는 길잡이로 삼으시라. 불안은 사람마다 다르므로, 불안이 **여러분에게는** 무슨 의미인지 이해할 수 있도록 우리는 불안의 가장 일반적인 모습을 다루었다. 여러분의 불안이 어떤 모습으로 다가오든 이 책에 언급한 원칙들은 부정적인 생각, "만약 ……하면 어쩌지?" 하는 가정들과 싸우고 현재로 돌아가도록 도와줄 것이다.

우리가 아는 것과 전문 지식을 여러분에게 전달하게 되어 말할 수 없이 기쁘다! 우리가 회복할 때는 경험과 교육이 큰 힘이 되었지만, 이 책을 쓰는 내내 우리는 여러분의 입장에서 생각했다. 불안은 날마다 우리를 짓누르는 커다란 짐처럼 느껴질 수 있겠지만, 방법만 안다면 쉽게 다룰 수 있다. 그 방법을 여러분에게 알려줄 수 있다는 것은 큰 즐거움이다.

한편 이 책에서는 전문가의 안내와 실제로 그 안내를 **받는** 사람들의 개인적 경험을 통합했다. 우리가 소개한 것들은 어느 교재에서 따온 내용이 아니다. 우리는 로봇이 아니며, 심장이 있고, 여러분과 마찬가지로 우리도 고통을 겪었다. 이것이 여러분에게 희망이 되었으면 좋겠다.

탈출구는 있다. 누구나 불안을 극복할 수 있다. 마치 끝이 없는 것처럼 여겨지겠지만, 그렇게 느낄 필요는 없다. 여러분을 안내해줄 우리가 있다.

지금까지 다룬 내용을 되새기고, 다시 읽어보면 도움이 될 부분을 빠르고 쉽게 찾을 수 있도록, 이 책에서 다룬 내용을 간략하게 요약해보고자 한다.

1장과 2장: 불안이란 무엇일까?

여러분의 불안을 개념화할 필요가 있을 때는 여기서부터 시작하면 된다. 불안증은 매우 다양한 상태를 포괄적으로 가리키기 때문에, 그것이 여러분에게 어떻게 나타나는지 구별해내는 것이 좋다. 여기서 논의했던 흔한 불안 관련 상태를 간략하게 정리하면 다음과 같다.

공황장애 또는 공황에 대한 두려움 불안과 공황발작을 두려워하게 되는 것. 이것은 끔찍한 일이 일어날 거라는 두려움을 회피하고 싶은 마음에 뿌리를 두고 있다.

건강염려증 불안의 증상을 치명적인 병의 증상으로 잘못 해석하는 것과 관련이 있다. 우리는 종종 답을 찾아 '닥터 구글'의 문을 두드리곤 하지만, 안도하게 되는 경우는 많지 않다.

사회불안증 타인에게 어떻게 비칠까 하는 두려움. 사람들이 나를 어떻게 볼까 하는 걱정에 구속될 수 있다. 이 경우 사회 활동을 중단하거나 3주 후에나 일어날 사건을 미리 걱정하게 된다.

광장공포증 스스로 정한 안전 공간에서 나가지 않으려는 마음. 광장공포증이 있으면 바깥은 위험하고 안은 안전하다고 여긴다. 바깥에서는 끔찍한 일이 일어날지도 모르기 때문에 아예 밖으로 나가지 않는 것이 최선이라고 생각하기도 한다.

침투적 사고 불안을 유발하고 자극하는 바람직하지 않은 생각을 말한다. 거슬리는 생각에는 경계가 없다. 그런 생각들은 허락을 구하지도 않고 몰래 파고든다. 보통사람이라면 그런 생각들을 쉽게 떨쳐버릴 수 있지만, 불안증이 있는 사람은 무진 애를 써야 한다. 그런 생각으로 특히 심란해지면 자신이 누구인지 자꾸 묻게 되기도 한다.

강박장애 강박장애는 만약 X, Y, Z 같은 행동을 하지 않으면 끔찍한 일이 벌어진다고 믿을 때 생긴다. 우리 가족의 생존이 우리가 이런저런 행동을 하는 데 좌우된다고 믿기도 한다. 전형적인 행동에는 청소, 확인, 까다롭게 고르기, 정신적인 의식 같은 것이 포함된다.

범불안장애 걸핏하면 우리를 불안하고 초조하게 만드는 여러 주제를 끊임없이 걱정하는 형태로 나타난다. 때로는 걱정하는 것을 걱정하기도 한다!

외상후스트레스장애 처리되지 않은 트라우마의 결과로 발생한다. 이 경우에는 반드시 전문가의 도움을 받아야 한다.

그 밖에도 많은 불안이 있지만, 위에 정리한 것이 불안의 가장 흔한 형태들이다.

3장: 불안 반응은 왜 일어날까?

이 장에서는 우리를 안전하게 지키기 위해 우리 안에 내장된 공포체계에 관해 이야기했다.

우리는 먼저 도마뱀의 뇌에서 발견된 **편도체** 이야기를 했다. 편도체는 두뇌에서 가장 오래된 부위지만, 가장 똑똑한 부위는 아니다. 인지된 위험과 실제 위험의 차이를 항상 구분하지는 못하기 때문이다. 자동차의 폭발음을 들었을 때나 어둠 속에서 누군가 뛰쳐나왔을 때 우리를 움찔하게 만드는 것이 편도체다. 편도체는 공포의 전도체와 같아서 인지된 위협에 반응해 켜지고 꺼진다.

일상 상황에서 위협과 그에 적절한 반응을 결정할 때 우리는 **감정적 뇌**(편도체가 있는)와 **인지적 뇌**(생각하는 두뇌)를 모두 동원한다. 사물을 적절하게 인식하고 반응하기 위해서는 두 부위가 협력해서 일해야 한다. 그러나 불안증이 있으면 우리의 감정적 뇌가 인지적 뇌를 능가해 합리적으로 사고하지 못한다. 즉각적인 위험 앞에서는 우물쭈물할 시간이 없다. 신속하게 반응해야 한다. 그래서 우리는 중간 매개자(인지적 뇌)를 배제하고 곧바로 편도체로 감각 정보를 보낸다. 덕분에 목숨을 구할 수는 있지만, 불필요하게 그 과정이 일어날 때는 좌절을 맛보기도 한다.

아드레날린과 코르티솔 여기서는 위협 대응에서 우리의 감정, 그리고 아드레날린과 코르티솔의 목적을 이야기했다. 잠깐 되새겨본다면, 아드레날린은 우리가 움직이게끔 '훅' 들어오는 에너지라고 설명할 수 있다. 반면에 초조함을 느끼는 경우는 낮은 수준의 아드레날린과 코르티솔이 혼합되었을 가능성이 크다. 금방이라도 닥칠 위험에 대비해 높은 각성 상태를 유지하게 해주는 것이 코르티솔이다.

아드레날린은 심장박동 횟수를 증가시키고, 멍한 느낌, 메스꺼움, 긴장감을 유발하거나 비현실감을 경험하게 할 수 있다. 아드레날린은 생각과 감정, 신체적 변화까지 유도할 수 있는 매우 막강한 호르몬이다.

신경계 이어서 우리는 자율신경계를 다루었다. 자율신경계는 우리가 통제할 수 없는 불수의 운동과 내적 과정을 책임진다. **교감신경계**는 한마디로 투쟁-도피 또는 경직 반응을 유발한다. 즉 부신(아드레날린샘)을 자극하고 생명 유지에 필요한 기관에 변화를 일으킨다. 교감신경계는 우리가 수행 모드에 있을 때, 다시 말해 스트레스를 받을 때마다 우리 몸의 상태를 손쉽게 조정해서 스트레스를 관리하도록 도와준다. 과도한 불안으로 교감신경계가 닳으면 탈진한 느낌이 온다. 그러나 올바르게 활용하기만 한다면, 교감신경계는 힘든 시간을 이겨내게 해준다.

부교감신경계는 신경계에서 회복을 담당하는 부분이다. 우리가 쉬거나 잘 때, 즐거움과 안도감을 느낄 때 활성화된다. 휴식을 취할 때 켜지는 부교감신경계는 신체 중요 기관들의 재생, 회복, 균형 되찾기를 도와준다.

불안장애에서 스트레스의 역할 스트레스 항아리를 기억하는지? 우리는 스트레스를 겪을 때마다 그 항아리를 채워간다. 일상의 스트레스나 트라우마 모두 이 항아리에 들어간다. 작은 스트레스라면 그때마다 감당할 수 있을지 몰라도, 그것들이 처리되지 않고 쌓이면 결국 항아리가 넘치게 된다. **교감신경계**가 과도하게 혹사당해서 지치게 되는 것이 이때인데, 결국 불안장애를 일으키는 신호가 된다.

과도한 스트레스를 받으며 혹사당한 교감신경계는 편도체를 자극함으로써 '만일에 대비한' 위협 대응을 활성화한다. 이 경우 편도체는 넘치는 항아리(과도한 스트레스)를 위험 신호로 잘못 해석한다. 오랜 기간 쌓인 스트레스는 교감신경계에 부담을 주고 여기에 깜빡 속은 편도체는 위험을 감지한다. 결국 아드레날린과 코르티솔 호르몬이 분비되고, 왜 그런지 알지도 못한 채 우리는 계속 초조함을 느끼게 된다. 이는 스트레스 항아리를 더 채워서 결국 계속 넘치게 만들 뿐이다. 이렇게 되면 위협 대응은 스위치가 꺼졌을 때의 안도감을 영영 얻지 못한다.

불안은
다음을 요구하는 신호일 수 있다

● 스크린을 끈다

● 통제할 수 있는 것에
  집중한다

● 생각이 곧 현실은 아님을
  명심한다

● 그동안 피해오던 것을
  시도해본다

● 느리고 깊게, 그리고 집중해서
  몇 번(또는 많이) 호흡한다

● 내면의 현명한 목소리를
  확인하고 귀를 기울인다

● 자신에게 다정하고
  친절하게 대한다

● 운동(스트레스 호르몬인 코르티
  솔을 태워 없애는 데 좋다)

● 잠을 더 잔다

● 내가 불안을 느끼고
  있음을 판단하지 말고
  그저 바라본다

🐗 출처: 홀허티드 스쿨 카운슬링

4장: 불안의 증상들

불안의 증상들을 요약하고 다시 살펴보자.

비현실감 또는 이인증 현실이 아닌 느낌, 우리 자신이나 주변으로부터 떨어져 있는 느낌. 유체 이탈 경험으로 묘사되기도 한다. 불편하게 느껴질 수는 있지만 해롭지는 않다. 이 증상은 스트레스 호흡 또는 필요 이상으로 산소를 많이 들이쉬고 이산화탄소를 충분히 내쉬지 않는 느린 과호흡 때문에 생기기도 한다. 그런데 투쟁-도피 상황에서 이 반응은, 필요할 경우 우리가 싸우거나 도망가게 해주는 주요 근육들에 더 많은 피를 공급하느라 뇌로 가는 혈류를 제한한다. 이것 역시 멍한 느낌을 안겨줄 수도 있다.

과호흡 보통 짧고 날카롭게 들이쉬는 숨으로 나타나는 얕고 제한된 호흡. 이 호흡 패턴은 느닷없이 나타나는 것처럼 보일 수 있는데, 불안한 사람에게는 공황을 일으킬 수 있다. 빠르고 얕은 호흡이 계속되면 결국 더 심한 과호흡과 공황으로 이어진다. 한편 상체가 긴장으로 굳어진 탓에 횡격막이 효율적으로 기능하지 못하다 보니 과호흡이 생기기도 한다. 이 부위가 긴장되면 숨이 안 쉬어지기도 하는데, 불안증이 있는 사람에게는 걱정과 공황을 유발할 수도 있다.

호흡곤란 우리 몸은 자기 조절 능력이 아주 뛰어나기 때문에 몸에 **산소가 지나치게 많으면** 더 많이 들이마시는 것을 막을 수 있다! 몸이 필요한 것보다 많은 산소를 들이마시는 것을 방해하다 보면, 마치 숨이 안 쉬어지거나 폐를 채우지 못하는 것처럼 느껴지기도 한다. 불안증이 있는 사람에게는 이것이 더 큰 공황을 부른다.

심장 두근거림 불안을 느낄 때면 아드레날린과 코르티솔이 분비되어 심장박동이 빨라진다. 두근거림은 이런 호르몬들에 대한 정상적이고 자연스러운 반응이지만 다른 무언가가 잘못되었다는 두려움을 안겨줄 수 있다.

소화계 문제 불안의 증상들은 과민성장증후군 비슷하게 나타나기도 한다. 우리가 불안해하면 위협 대응이 최우선 순서가 되고 소화는 두 번째로 밀린다. 투쟁-도피 반응을 해야 할 때를 대비해 우리는 소화관을 일시정지 상태로 놓고 몸의 다른 곳에 에너지를 분배하기 때문이다. 우리를 안전하게 지키기 위한 것이지만, 그 영향으로 복부팽만, 설사, 위경련을 비롯해 여러 관련 증상이 생길 수 있다.

가슴 통증 가슴 통증은 근육의 긴장과 자세 때문에 종종 생긴다. 우리가 위협 대응을 하면서 우리 자신을 지키려고 도망갈 준비를 할 때는 온몸의 근육이 수축한다. 그러다가 이완하면 가슴 통증이 느껴지는데, 이것이 공황을 일으키기도 한다. 특히 가슴 통증과 함께 심장 두근거림이 동반되면 마치 공황발작이 올 것 같은 느낌이 들 수 있기 때문이다. 가슴 통증 때문에 걱정이 된다면, 반드시 의사와 상의해야 한다.

땀 흘림/발한 투쟁-도피 모드일 때 우리 몸에서 분비된 아드레날린은 땀샘을 활성화한다. 불안증이 있는 사람은 과민증 때문에 자기가 땀 흘리는 것을 지나치게 의식하는데, 이 때문에 오히려 땀을 더 많이 흘리기도 한다. 땀 흘림은 일상생활의 일부이며 불안장애에 국한되는 증상은 아니지만, 불안증이 있는 경우 자신이 땀을 얼마나 많이 흘리느냐에만 초점을 맞추다 보면 땀을 더 많이 흘리게 된다.

수면 문제 수면과 불안의 피드백 고리 때문에 어려움을 겪는 이들이 많다. 수면 부족이나 자주 깨는 증상은 불안 때문에도 **생길** 수 있다. 성인 인구의 3분의 1 정도가 수면장애를 호소하고 있다니, 앞서 말한 것처럼 여러분만 그런 것이 아니다! 불면증과 악몽은 범불안장애에서 흔한 증상으로 알려져 있다. 수면 문제는 감정적·정신적·신체적 기능에 영향을 준다. 수면 문제와 불안 중 어느 하나를 치료해서 나머지에 도움이 될 때도 있지만, 두 가지를 모두 치료하는 것이 성공을 위한 최고의 방법이다.

집중하기 어려움 생활의 나머지 모든 것에서 관심을 거두고 한 가지 생각에만 지나치게 집중하는 경우가 있다. 일단 머릿속에 그 생각이 달라붙으면 좀처럼 다른 것에 집중하기가 힘들 수 있다. 이것을 '집중력 부족'이라고 말하지만, 사실은 그 반대이기 때문에 그 말은 오해의 소지가 있다. 여러분이 레이저처럼 집중하는 대상이 자신이 느끼는 불안 같은 잘못된 것일 뿐 여러분은 집중하고 있다.

5장: 불안은 위협 대응이다

이 장에서는 불안을 위협 대응으로 설명해야 하는 필요성에 관해 알아보았다. 우리가 논의한 핵심 요점은 다음과 같다.

과도한 불안은 우리가 원하지 않을 때 위협 대응이 잘못 점화되면서 문제가 된다. 우리는 망가진 것이 아니다. 불안한 생각과 생생한 상상력은 지능을 말해주는 표지다. 그렇다, 여러분은 똑똑한 사람이라는 얘기다. 다만 이것이 문제가 되는 경우는 사실상 안전한 상황에서 우리가 최악의 시나리오를 상상하기 시작할 때다. 위협 대응은 아주 사소한 것에도 촉발되어 필요하지 않을 때 합리화 과정을 끌어낸다.

불안 극복은 이 **위협 대응을 끄는 일**에 관한 것이다. 매우 간단한 말처럼 들리는데, 실제로도 간단할 수 있다. 우리에게 투쟁-도피 또는 경직 반응을 요구하는 임박한 위험이 없을 때, 위협 대응의 스위치를 켜고 끄도록 두뇌를 훈련시켜야 한다.

우리는 편도체에 말을 걸어 진정하라거나 진정제를 먹으라고 할 수는 없다. 말하는 것은 효과가 없고 **보여주어야** 한다. 우리의 감각을 활용하고 우리의 두려움을 마주함으로써 편도체에 보여주는 것이다. 두려운 마음이 들 때, 우리가 위험에 처하지 않았다는 신호를 위협 대응에 확실하게 보내고 도움을 요구하지 않는다면, 우리는 다시 원래의 기능을 되찾고 평소처럼 생활할 수 있다.

위협 대응은 필요하다. 위협 대응은 우리 조상들의 생존을 지켜주었고, 지금도 우리를 위험에서 보호해주는 필수적인 자산이다. 높은 각성 상태를 유지하면 다가오는 위험을 알아차릴 수 있고 아드레날린이 더 빨리 분비되어 그곳을 벗어날 수 있다! 그러나 일상생활에서 이런 일이 생기면 쉽게 혼란스러워지기도 한다. 그렇더라도 우리가 벗어나야 하고 자신을 보호해야 하는 상황이 있으므로 위협 대응은 필요한데, 사실 현대의 삶에서 그런 일은 거의 일어나지 않는다. 우리는 위험한 일은 없다는 것을 편도체에 보여줌으로써 **위협 대응을 끄도록** 해야 한다.

6장: 올바른 노출

6장에서는 노출치료의 내용과 올바른 실천법에 관해 설명했다. 다음은 우리가 이야기한 핵심 요점이다.

앞 장에서 우리는 편도체에 우리가 안전하다는 것을 보여주고, 위협 대응을 끄도록 요구해야 한다고 이야기했다. 바로 이 대목에서 **노출치료**가 등장한다. '위험하다'고 인지된 이런 상황에 우리 자신을 더 많이 노출할수록, 우리가 실은 매우 안전하다는 신호를 뇌에 더 많이 보내게 되므로 위협 대응을 끌 수 있다.

그러나 노출치료를 연습하는 효율적인 방법과 비효율적인 방법이 있다. 원하지 않는 상황으로 들어가 이를 악물고 억지로 버티는 것은 짐작하다시피 별 효과가 없다. 노출치료 연습은 우리가 **왜** 그것을 하고 있는지에 대한 지식과 우리가 안전하다는 **안도감**이 수반되어야 한다.

2차 불안 2차 불안은 **공포증**으로 알려져 있다. 이런 공포증은 우리 자신의 불안 반응 자체에 대한 두려움이다. 누구나 어느 정도는 불안을 경험한다. 그러나 불안이 지나친 나머지 종종 불안 자체에 대해 2차 불안이 생기기도 한다. 노출치료를 통해 우리는 공포 반응과 **우리 자신의 관계를 재정립**한다. 그럼으로써 우리는 위협 대응 스위치를 끌 수 있을 뿐 아니라 위협 대응이 일어났을 때 그냥 그것과 **함께 있기**를 연습함으로써 2차 불안인 공포증까지 한꺼번에 극복할 수 있다.

안전 행동: 절대적 회피와 미세 회피

안전 행동은 단기적으로는 불안을 줄이는 효과가 있는 것처럼 보이지만, 장기적으로는 오히려 불안을 부추기기 때문에 문제가 된다. 안전 행동은 당장의 위안을 위해 우리가 두려움에 정면으로 맞서는 것을 막지만 나중에는 더 심한 불안과 불편함을 끌어올 뿐이다. 스트레스 항아리를 기억하는지? 맞다, 그 원리와 같다.

우리가 살펴본 안전 행동은 두 가지다.

절대적 회피 이것은 말 그대로다. 우리는 어떤 것이 우리에게 던져줄 두려움 때문에 그것을 절대적으로 회피한다.

불안에서 회복하는 과정은 우리가 이런 절대적 회피에 도전해, 두려운 상황이지만 실제로는 안전하다는 것을 위협 대응에 보여줄 수 있을 때 시작된다.

미세 회피 어떤 경험 내내 바짝 긴장해서 이를 악물고 억지로 버틸 때 미세 회피가 작용한다. 우리는 그동안 피해오던 것을 할 수 있을 만큼 용감해지려고 노력하지만, 그것을 헤쳐가기 위해 일정 형태의 거짓 위안을 여전히 필요로 한다. 이 경우 궁극적으로는 두려움을 극복할 수 없다. 우리는 안전한 물건이나 안전한 사람에 의존하는 등 상황에서 벗어나기 위한 온갖 출구를 알고 있기 때문이다. 결국 우리는 두려움을 온전히 받아들이지 않게 되고, 따라서 그 상황을 벗어난 공을 우리 자신에게 돌리지 않는다. 그 공을 차지하는 것은 이런 가짜 위안이다. 우리가 실제로 안전하다는 신호를 편도체에 전달하기 위해서는 이런 가짜 위안을 제거하고 불편한 감정에 온전히 빠져들어야 한다.

점진 노출과 홍수 노출

다음으로 우리는 점진 노출과 홍수 노출에 관해 이야기했다. 점진 노출이란 우리가 극복하고 싶은 두려움에 대한 노출 강도를 서서히 올리는 치료법이다. 시간을 두고 한 걸음씩 두려움에 조금씩 다가가다 보면 불편함에 압도당하지 않게 된다. 그 상황이 안전하다는 것을 편도체가 감지할 때까지 노출 시간을 늘린다.

반면에 홍수법은 두려움의 깊은 바닥으로 곧바로 뛰어들어 가장 힘든 자극에 우리를 직접 노출하는 것이다. 정말 무서울 것 같지만, 홍수법은 점진 노출만큼 효과가 있다. 만약 곧장 두려움 속으로 뛰어들고 싶은 생각이 있다면, 시도해보시라! 다만 내담자들이 하나씩 단계를 밟아나가는 것을 더 편안하게 여기고 성취감을 느낄 수도 있기 때문에 대부분은 점진 노출을 선호한다.

인지행동치료에서 노출의 두 가지 유형:
실제 노출과 상상 노출, 내적 단서와 외적 단서

실제 노출과 상상 노출   실제 노출은 **인비보**in vivo라고도 하는데 두려운 자극에 실제로 노출하는 것을 말한다. 예를 들어 개를 두려워하는 사람이라면 노출치료를 기꺼이 도와줄 강아지를 찾으면 된다. 그러나 외상후스트레스장애나 가정폭력의 생존자처럼 실제 노출이 불가능할 때가 있다. 이 경우 우리는 **상상 노출**을 권한다. 모든 감각을 총동원해서 어떤 상황을 생생하게 묘사하고 상상하는 것이다.

이것은 훈련된 심리치료사와 함께할 때 가장 효과가 좋다!

내적 단서와 외적 단서 우리가 **노출 단서**를 어디서 받느냐
에 따라 나뉜다. **외적 단서**에는 높은 곳에 대한 두려움, 거
미에 대한 두려움, 풍선에 대한 두려움 등이 포함될 수 있
고, 우리가 내면의 감각·두려움·걱정 등에 반응할 때는 **내
적 단서**에 반응한다고 여긴다. 불안은 대개 내적이므로, 자
신의 불안한 감각을 두려워하는 사람들에게는 내부감각수
용 노출 또는 **자극감응법**이라고 하는 인지행동치료 기술
이 도움이 된다. 내적 단서를 활용할 때는 걱정스러운 생
각을 유도하거나, 제자리에서 달림으로써 심장박동수를
올리거나, 고통스러운 기억을 떠올리는 방식을 쓴다. 우리
는 불안이 유도하는 감정을 끌어내리려고 시도하는데, 그 감
정에 우리 자신을 노출함으로써 점차 둔감해지도록 하기
위해서다.

집에서 불안을 느낄 경우라도 노출은 꼭 필요하다. 일상생
활에 노출치료를 통합하는 가장 좋은 방법은 **마치 불안감
이 없는 것처럼 하루를 계속 보내는 것**이다. 불안 수준에
상관없이 우리가 평소에 하는 일을 계속하고, 그것을 해도
안전하다고 편도체에 보여줌으로써 위협 대응을 끄도록
훈련시킬 수 있다.

7장: 새로운 태도 기르기

7장에서는 불안에 대해 새로운 태도를 기를 필요성을 강조했다. 조시의 말처럼 우리가 자신에게 비판적이라면 어떤 노력도 소용이 없다. 우리는 이 책을 비롯해 많은 책 속의 지식을 활용해서 우리가 다루고 있는 것이 정확히 무엇인지 더 잘 이해할 수 있으며, 그 지식으로 불안을 효과적으로 극복할 수 있다. 그러나 이 모든 것을 시작할 때는 새로운 태도로 임해야 한다.

불안을 **이진법이 아닌 스펙트럼으로** 봐야 한다는 것을 잊지 말자. 불안은 검정이나 하양이 아니며 켜짐이나 꺼짐이 아니다. 불안은 10층짜리 스펀지케이크처럼 여러 단계가 있다. 불안을 전체적으로 바라보고 어느 정도 통제력을 되찾기 위해서는 여러분의 불안을 저울에 올려놓고 1부터 10까지 수치화하는 것이 도움이 된다. 이 기술을 활용하면 여러분 자신의 불안 수준을 더 잘 이해할 수 있으며, 결국 불안을 관리하기가 더 쉬워질 것이다.

인지 재구성을 이용해 여러분이 원래 가지고 있던 믿음을 긍정적인 관점에서 바라보라. 애초의 믿음을 유지하되 우리에게 유익한 방식으로 그것을 재구성하는 것이다. 예를 들어 "내가 총회 자리에서 겁을 먹고 모두가 보는 앞에서 굳어버리면 어떡하지?" 하는 걱정은 이렇게 바뀐다. "총회는 내 불안을 용인하는 연습을 하기에 아주 좋은 기회야." 우리는 여전히 그 상황이 우리의 불안을 유발한다는 사실을 인정하면서도, 우리에게 도움이 되도록 그 상황에 대한 접근법을 바꾸게 되는 것이다.

이렇게 해서 우리는 **의도적 용인**으로 깔끔하게 넘어왔다. 앞에서 '억지로 버티기'를 이야기했지만, 그것은 바람직하지 않다는 것이 우리 생각이다. 그러나 의도적 용인이란 그 상황이 두려워도 괜찮다고 생각하고, 분명 불편하겠지만 궁극적으로는 전혀 위험하지 않음을 알고서 두려운 상황에 **기꺼이** 접근하는 것을 뜻한다. 바로 이것이 우리 두뇌를 재배선하는 방식이다. 우리는 **위협 대응을 끄고** 싶다고, 의도적 용인을 통해 일시적인 불편함을 기꺼이 감수하겠다고 우리 자신에게 상기시켜야 한다.

자기 연민을 가지고 의도적 용인을 연습하자. 자기 자신에게 너그럽게 대하고 각각의 경험에서 긍정적인 면에 초점을 맞추자. 이것을 곧바로 능숙하게 하기는 쉽지 않으므로, 작은 승리를 거둘 때마다 자신에게 공을 돌리자.

7장은 **어린 시절에 배운 내면의 대화**로 마무리했다. 여기서는 우리의 불안이 우리가 어릴 때 배운 믿음에 어떻게 영향받는지를 살펴보았다. 우리는 두뇌가 형성되던 시기에 주변 사람들의 말과 행동에서 의미를 끌어내고, 그런 말과 행동에서 추론해낸 의미가 우리 내면의 대화에 영향을 주게 된다.

낙담하고 의욕이 없을 때 나에게 해주는 말

1. 이건 만만치 않겠어. 하지만 나도 만만하지 않아.

2. 어쩌면 난 이 상황을 통제 못 할지도 몰라.
   하지만 어떻게 반응하느냐는 내가 책임져.

3. 난 이걸 이해하지 못했어……, 아직은 말이야.

4. 이 도전은 내가 무언가를 배울 기회야.

5. 내게 필요한 건 한 번에 한 걸음씩 가는 거야.
   호흡해. 그리고 다음에 할 일을 해.

🐻 출처: 홀허티드 스쿨 카운슬링

우리가 느끼는 불안에 관해 자신을 비판하는 내면의 대화를 포착했다면, 스스로 질문해봐야 한다. "내가 흡수하고 있는 이것은 뭘까?" "나는 이것을 어디서 배웠을까?"

8장: 불안발작을 어떻게 다룰 것인가

8장에서는 우리 두 사람이 불안발작을 이기는 데 도움이 되었고, 우리가 정말 좋아하는 몇 가지 기술을 살펴보았다. 그 내용들을 재빨리 요약해보자.

첫 번째는 인지 재구성 기술을 이용한 것이다. **공황발작이 아닌 아드레날린 쇄도**라고 우리 인식을 새롭게 해보자. 솔직히 말해 듣기에도 그쪽이 덜 무섭고 사실상 더 정확하다.

신경지 이는 신경인지neoroception라고도 하며 불수의신경계를 더 잘 이해하게 해준다. 불수의신경계는 교감신경계와 부교감신경계로 구성된다. 교감신경계는 투쟁-도피 또는 경직 반응에 관여하는 반면 부교감신경계는 휴식, 이완, 소화에 관여한다. 우리는 이 두 신경계가 조화롭게 작동하고 영원히 균형 상태로 돌아가기를 원한다.

공황발작이 있다면 이 두 신경계가 어떻게 작동하는지 이해하는 것이 도움이 되고 마음도 편안하다. 우리의 교감신경계가 과로하고 지나치게 스트레스를 받아 스트레스 항아리를 비울 필요가 있음을 인정할 때, 공황발작을 더 쉽게 견딜 수 있다.

저항하고 고치려 하지 마라 여기서는 우리가 불안을 경험할 때 할 수 있는 최선은 이것이 위협 대응임을 인정하는 것임을 강조했다. 우리가 그런 감정에 저항하고 싸우려고 노력하면 할수록 불안이 심해질 가능성은 더 커진다. 최선의 행동은 **하던 일을 계속하는 것**, 하루를 계속 살아가는 것, 그리고 자기 몸에서 일어나는 일에 대한 지식을 활용해 스스로 위로하는 것이다. 이런 행동은 여러분이 안전하고 위협 대응이 필요 없음을 편도체에 전달할 것이다.

몸이 스스로 조절하게 하라 여기서는 우리의 몸이 균형을 되찾기 위해 자신이 할 일을 정확히 알고 있음을 설명했다. 몸은 항상 질서를 재건하려고 하기 때문에, 여러분의 몸이 가장 잘하는 일을 하게끔 믿고 맡기는 것이 불안발작 도중에 할 수 있는 최선일 것이다. 우리를 균형과 평정 상태로 되돌리는 것은 몸이 가장 잘하는 일이다. 따라서 현재 상황이나 여러분의 불안 강도가 어떻든, 심지어 **여러분**이 무얼 해야 할지 모를 때에도 몸은 할 일을 **한다.** 여러분의 몸은 교감신경계와 부교감신경계 사이의 균형을 되찾을 것이다. 그러나 만약 강렬한 불안감을 경험하고 있다면 8장을 다시 들춰보기를 권한다. 8장의 마지막 부분에서 우리는 불안발작을 견디는 데 도움이 될 두 가지 **접지 기법**과 **호흡법**을 소개했다.

주의: 이 기술들은 해결책이 아니다! 다만 몸이 제 할 일을 할 때까지 여러분이 견디도록 도와줄 것이다.

9장: 우리의 비법과 요령

여기서 소개한 비법들은 아래와 같다.

- 불안 측정
- 관찰을 멈추고 점수를 매겨라
- 현재에 몰두하라
- 행동하려 하지 말고 가만히 바라보라
- 몸은 스스로 고친다
- 경보의 비유
- 부교감신경 활동
- 다른 것을 삶의 중심에 놓아라

이 장에서는 여러분의 불안 극복을 돕기 위해 우리가 좋아하고 가장 많이 추천하는 연습법을 소개했으니 다시 들춰보면 좋을 것이다. 일단 이 책을 끝까지 다 읽고 불안을 **위협 대응**으로 이해하는 새로운 방식이 편안하게 느껴진다면, 9장을 몇 번 더 읽어보기를 권한다. 불안이 생물학적으로 필요한 이유를 제대로 이해하면 큰 도움이 된다. 9장에 소개한 비법과 요령들을 일상생활에서 실천해보고 무슨 일이 일어나는지 보시라!

10장: 공동체에서 듣는 성공담

여기서는 우리 공동체에서 수집한 불안 극복의 성공 사례 몇 가지를 소개했다. 결국 누군가 여러분과 똑같은 어려움을 겪었고, 마침내 그것을 극복했음을 아는 것만큼 힘이 되는 것은 없다. 물론 회복의 과정은 사람마다 다르다. 그러나 다른 사람의 이야기를 들으면 용기가 생기고 덜 외롭게 느껴진다. 여러분은 혼자가 아니다. 우리 공동체에서 위안을 찾고 우리의 투쟁과 승리에서 연대를 찾으시라. 우리 역시 여러분이 서 있는 그 자리에 있었고 그 느낌을 잘 알고 있다. 바로 이것이 우리가 이 책을 쓴 이유다. 그러므로 이 책을 읽고 나면 그곳에 출구가 있으며, 여러분도 불안을 극복할 수 있고, 여러분의 기분을 정확히 알고 응원해줄 수 있는 사람들이 있다는 사실을 체감하게 될 것이다.

불안을 속속들이 꿰뚫고 이해하는 데 이 책이 도움이 되기를 진심으로 바란다. 불안에 관해 더 많이 알수록 우리는 그 상태를 더 잘 다룰 수 있다. 그리고 지금 이 책을 읽고 있다면 여러분은 분명 불안하지 않은 삶으로 가는 길 위에 있다. 우리가 말한 기법들을 실천하고 그것이 어떤 변화를 만들어내는지 지켜보자. 이 모든 내용은 우리 두 사람이 각자 불안을 극복하는 과정에서 연습했던 방법들이며, 어느 교재에서 따온 것이 아니다. 모두 우리가 직접 시험하고 검증한 것들이다.

부디 여러분의 회복에 행운이 함께하기를. 그리고 만약 이 책이 도움이 될 만한 사람이 있다면 이 책을 건네주시기를! 우리가 도울 수 있는 사람이 많으면 많을수록 좋다.

누구나 살면서 불안할 때가 있고, 불안으로 고민하기도 한다. 대부분은 존재론적 불안이겠지만, 불안 때문에 일상생활에서 불편함을 겪는 사람도 있고, 심하게는 공황장애 진단을 받고 약의 도움을 받아야 하는 사람도 있다. 안타깝게도 요즘 불안장애로 고통을 겪는다는 이들의 이야기는 주변에서 점점 더 많이 들린다. 하지만 그런 고통을 이야기하는 사람보다는 그렇지 않은 사람이 훨씬 더 많을 것이며, 어디에선가 혼자 고민하면서 괴로워하는 사람도 있을 것이다. 어쩌면 그런 사람은 자신이 망가졌다고 생각하고 스스로를 실패자로 규정하고 있을지도 모른다. 바로 그런 사람들을 위해서, 전문가에게 불안장애 진단을 받은 이들과 아직 심리상담소나 병원을 찾아가지 못한 이들을 위해서, 그런 사람들을 직접 상대하는 심리치료사와 그들을 지원하는 플랫폼을 운영하는 두 사람이 이 책을 썼다.

하지만 불안에 시달리는 사람들에게 집중해서 책 읽기가 어디 쉬운 일일까. 다행히 조슈아 플레처와 딘 스탓은 그 점을 잘 알고 있다. 두 사람이 직접 불안장애나 공황을 겪었기

때문이다. 이 책에는 그런 그들의 경험이 그대로 실려 있을뿐
더러 불안으로 고통받는 독자를 위한 배려가 녹아 있다. 두
저자는 이 책에 폼 나게 무게를 더해줄 학술적 이야기는 과
감하게 잘라내고, 불안에 대해 지극히 실용적으로 접근한다.
이들은 자신이 겪었던 고통과 극복의 경험에 더해, 어떤 심
리학자나 정신과의사도 해주지 못할 이야기를 들려준다. 우
선은 독자가 자신의 불안을 바라보고 그 불안이 무엇인지 규
정하게 한다. 그리고 책을 읽는 동안 독자들이 각자에게 맞
는 불안 극복 방법을 찾을 수 있게 도와준다. 어렵지 않은 설
명, 핵심만 간추린 내용은 우리를 잘 아는 마음 따뜻한 동네
형이나 오빠들이 조언해주는 느낌이다. 실제로 두 저자는 다
른 책을 인용하거나 참고하는 식으로 부담을 주지 않는다. 거
창하게 불안의 심리학이나 사회학을 들먹이지도 않는다. 덕
분에 우리는 불안에 관한 책을 읽고 있는 게 아니라 상담실
에서 그들을 마주하고 있다는 느낌이 든다. 내담자에게 자신
이 추천하는 방법에 대해서 권위 있는 학자를 들먹이며 출처
를 밝히는 상담사는 없을 테니까 말이다. 두껍지 않은 분량의
이 책을 얼른 읽고, 당장에 적용해볼 수 있도록 한 의도가 고
맙게 느껴진다.

물론 이 책은 불안으로 당장 삶이 힘든 사람들을 위한 것
이지만, 아직 그 단계에 들어가지 않은 이들에게도 도움이 되
리라 본다. 공황발작은 어느 날 갑자기 찾아온다고 한다. 저

자들이 말하는 '스트레스 항아리'가 가득 차면, 다시 말해 스트레스가 오래 지속되거나 감당할 수 없을 만큼 쌓이면 그렇게 되는데, 따지고 보면 우리 모두 불안장애의 잠재적 후보군이다. 스트레스가 만연한 오늘날의 삶에서 불안을 경험하지 않은 사람은 없을 것이다. 두 저자는 일단 불안에 시달리는 독자, 절실하게 도움이 필요한 사람을 우선 대상으로 하고 있기 때문에, 불안증을 예방하는 방법에 관해서는 그만큼 꼼꼼하게 설명하지 않는 것처럼 보이지만, 사실 불안 예방은 불안의 원리를 거꾸로 이해하면 될 일이다. 아직 불안증이 없는 독자 역시 불안의 원리를 이해하고 불안의 예방책을 알아두는 것이 좋으리라고 본다.

정리하자면, 평소에 취미 생활이나 적절한 휴식으로 스트레스를 관리하는 것이 불안 예방의 지름길이다. 그리고 불안이든 우울이든, 그것과 싸우려 하기보다는 그것이 있음을 받아들이는 자세가 중요하다. 내 상태가 그렇다는 것을 알아차리고 인정하기만 해도 신기할 정도로 감정은 많이 가라앉는다. 지금 불안을 걱정하는 사람이든 불안을 생각하지 않는 사람이든 모두에게 건승을 빈다!

오숙은

자가진단표

지금 내 불안 수준이 어떤지 각 항목에 1~10까지 점수를 매겨보자.

정신적 증상	점수
몰아치는 온갖 생각	
집중하기 어려움	
공포와 공황, 곧 죽을 것 같은 느낌	
짜증스러움	
높아진 경계심	
수면 문제	
식욕의 변화	
지금 처한 상황에서 달아나고 싶은 마음	
비현실감 또는 이인증	

신체적 증상	점수
땀 흘림	
심계항진 / 심박수가 높아짐	
과호흡 / 호흡곤란	
안면홍조 / 열감	
입 마름증	
어지럼증	
메스꺼움과 그 밖의 위장 문제	
눈 떨림	
근육 경련	

친절한 불안 상담소

불안장애를 극복한 두 심리치료사의 가이드

2023년 5월 12일 초판 1쇄 발행

지은이 | 조슈아 플레처·딘 스탓
옮긴이 | 오숙은
펴낸곳 | 여문책
펴낸이 | 소은주
등록 | 제406-251002014000042호
주소 | (10911) 경기도 파주시 운정역길 116-3, 101동 401호
전화 | (070) 8808-0750
팩스 | (031) 946-0750
전자우편 | yeomoonchaek@gmail.com
페이스북 | www.facebook.com/yeomoonchaek

ISBN 979-11-87700-48-7 (03180)

여문책은 잘 익은 가을벼처럼 속이 알찬 책을 만듭니다.